KB203827

천강에서 달을 보다

천강에서 달을 보다

1판1쇄 발행   2019년 10월 17일
1판2쇄 발행   2019년 11월 29일

지은이   채문기
펴낸이   남배현
기획   모지희
책임편집   박석동
펴낸곳   모과나무
등록   2006년 12월 18일 (제300-2009-166호)
주소   서울시 종로구 종로19, A동 1501호
전화   02-725-7011
전송   02-732-7019
전자우편   mogwabooks@hanmail.net
디자인   동경작업실
ISBN   979-11-87280-39-2 (03220)

이 도서의 국립중앙도서관 출판예정도서목록(CIP)은
서지정보유통지원시스템 홈페이지(http://seoji.nl.go.kr)와
국가자료공동목록시스템(http://www.nl.go.kr/kolisnet)에서
이용하실 수 있습니다.(CIP제어번호: CIP2019037105)

 지혜의 향기로 마음과 마음을 잇습니다.

천강에서 달을 보다

채문기가 만난 25인의 선지식 이야기

채문기 지음

모과
나무

천강에서 달을 보다

천 개의 강에
천 개의 달이 뜬다

千江有水千江月

하늘의 달은 하나지만, 강 위에 뜬 달은 천 개입니다. 강뿐만은 아닙니다. 산정 호수에도 천 개의 달이 뜨고, 동네 옆 흐르는 시냇가에도 천 개의 달이 떠 있습니다.

달은 불佛이요 자비慈悲라고 합니다. 달은 본각本覺이요 원각圓覺이라고 합니다. 달은 불성佛性이요 진여眞如라고 합니다. 달은 일물一物이요 일심一心이라고 합니다. 달은 법계法界요 열반涅槃이라고 합니다.

달이 가진 '참 뜻'을 품고 싶었습니다. 하여, 법보신문 지면에 〈천강에서 달을 보다〉를 기획하고 문을 두드렸습니다. 이 땅의 선지식을 만나 그분들의 법음을 들었습니다. 그 가르침을 정리해 법보신문에 연재한 글이 2008년 시작하여 2014년까지 이어졌고, 2018년에 다시 시작하여 지금에 이르고 있습니다.

무소의 뿔처럼 홀로 걸었던 스님입니다. 칼바람과 눈보라를 헤치고, 굶주림과 갈증을 이겨낸 끝에 '부처님'을 마주했던 스님입니다. 법열法悅 속에서 응축시킨 선지식의 한마디. 그 안에 깃든 서기瑞氣와 선기禪機, 불심佛心을 나누려 책으로 엮었습니다. 고독의 끝에서 길어 올린 선지식의 일성一聲을 등대 삼아 세파에 틀어진 뱃머리를 법해法海로 돌렸으면 하는 바람을 담았습니다. 선교율禪敎律을 넘나들며 내보인 가르침을 문자로 전하는 데는 한계가 있습니다. 졸고拙稿는 필연이었습니다. 혹 불법佛法에 어긋나는 문맥이 있다면 그건 법향法香에 어두운 저의 책임입니다.

독자님과 시 한 편 음미하고자 합니다. 《금강경오가해》 속 야부도천冶父道川 스님의 선시입니다.

호수에 바람 일고 달 뜨면
봄이 옴에 예전처럼 온갖 꽃 향기롭다
但得五湖風月在 春來依舊百花香

연재를 8년 동안 지속할 수 있었던 건 법보신문사 임직원의 도움이 있었기에 가능했습니다. 부처님의 가피가 깃들기를 기도드립니다.

향을 사르며!
2019년 가을
상화相和 채문기 삼가 쓰다.

차례

소리에 놀라지 않는 바람처럼

무소의 뿔처럼 혼자서 가라

《숫타니파타》

금아혜국金牙慧國 스님

제주에서 태어난 혜국 스님은 1962년 일타 스님을 은사로 출가
했다. 경봉, 성철, 구산 스님 회상에서 수행정진하며 해인사, 송
광사, 봉암사 등 제방선원에서 수십 안거를 성만했다. 충주의 폐
사지를 일궈 석종사를 창건했다. 현재 금봉선원장으로 주석하며
출재가 수행인을 제접하고 있다. 저서로는 선어록 강설집《신심
명-몰록 깨달음의 노래》가 있다.

여래의 씨앗을 심으라

"제 욕망을 태웁니다!"

해인사에서 10만 배 올린 직후 성불成佛을 발원하며 오른손 세 손가락을 촛불에 태워 부처님 전에 올렸다. 산사는 고요했다. 성스러운 연비燃臂를 거룩한 침묵으로 증명했음이다. 곧장 태백산 도솔암兜率庵으로 향했다. 밥 짓는 촌음도 아까워 솔잎을 생으로 씹으며 연명했다. 방바닥에 눕는 일조차 허락할 수 없었다. 벼랑 끝에 서서 한 발 더 내딛으려는 수좌首座에게 잠은 사치였다. 하여, 발우를 머리에 이고 가부좌를 틀었다. 성철 스님께서 주신 그 발우다.

좌선을 풀고 고개 들어 보니 해가 정면에 떠 있었다. 이상

한 일이다. 방금 전까지만 해도 해는 분명 서산으로 기울고 있었다. 마주해야 할 건 눈이 부시도록 빛나는 붉은 해가 아니라 은은한 금빛을 머금은 달이어야 했다.

그렇다! 서산으로 진 해가 다시 떠오른 것이다. 눈 한 번 감았다 떴을 법한 그 찰나에 새로운 하루가 시작됐다. 선문禪門에 든 이후 경험한 삼매三昧 중 가장 긴 삼매였다. 심연에서 솟아오른 선열禪悅은 이내 방안을 가득 채웠다. 그때, 발우가 떨어졌다. 순간, 체득되는 게 있었다. 깨달음의 기연機緣이 닿았던 것일까? 문을 박차고 나와 산을 내려왔다.

석종사釋宗寺 금봉선원錦鳳禪院 선원장 혜국慧國 스님을 친견하려 충주로 향했다. 부처님 오신 뜻과 이 시대 우리는 어디로 향해야 하는지를 여쭤보려 할 참이다.

혜국 스님은 제주 남국선원南國禪院에 이어 충주 석종사를 창건했다. 법을 펴기 위함이다. 젊은 날의 열정이 배인 남국선원 무문관 앞에는 지금도 입방하려는 눈 푸른 납자들의 발길이 끊이지 않는다. 안거 때면 대중 100여 명이 충주 석종사를 찾아 좌복 위에 앉는다.

석종사 대웅전 앞 천척루千尺樓가 하늘을 향해 쭉 뻗어 있다. 마음 수행이 최고의 경지에 도달했을 때 자신을 점검하는 곳이란 의미로 '천척루'라 이름 했다. 주련 하나가 눈에 들어온다.

원각산 가운데 한 그루 나무가 자라나니
하늘과 땅이 나뉘기도 전에 활짝 꽃을 피웠네
푸르지도 희지도 않고 또한 검지도 않으나
봄바람에도 하늘에도 있지 않다네
圓覺山中生 一樹 開花天地未分前
非靑非白亦非黑 不在春風不在天

천척루에 시들지 않는 나무 한 그루 심어 놓았음이라. 하늘과 땅이 생겨 나뉘기도 전에 꽃 핀 연유를 알면 천척루에서 선미禪味 일편이나마 맛볼 터인데, 그릇이 안 되니 탁 트인 풍광만 가슴에 안고 혜국 스님이 머무는 조실채로 걸음을 옮겼다. 현판에 쓰인 '조종육엽祖宗六葉'이 묵직하다. 선종 조사의 종풍이 여섯 잎으로 피었다는 뜻으로, 부처님이 깨달으신 진리가 달마, 혜가, 승찬, 도신, 홍인, 혜능으로 이어져 왔음을 상징한다.

"먼 길 오셨습니다. 감로각甘露閣 물 한잔 하셨습니까?"

석종사 감로각은 여느 절처럼 도량 한 귀퉁이에 있는 게 아니라 천척루와 대웅전 사이 한가운데 자리하고 있다.

"참 시원했습니다."

스님의 일언이 떨어졌다.

"물 한 방울에도 물의 세계가 온전히 담겨 있습니다."

삼라만상을 들이키고도 혀끝에 남은 물맛만 아는 중생에 대한 나무람일 터다. 혜국 스님은 이내 미소를 머금으며 부처님 오신 뜻을 전했다.

"부처님께서는 우리를 구제하기 위해 오신 게 아닙니다. 구제한다 하면 벌써 구제하는 주체와 구제 받아야 하는 객체로 나누어집니다. 주체에 비해 객체를 차별화한 것이지요. 또한 대상을 불완전한 존재, 잘못된 존재로 볼 때 '구제한다'고 합니다. 그러나 부처님께서는 본래 우리가 부처라는 가르침을 전해 주기 위해 오셨습니다. 부처님과 같은 마음을 우리도 품고 있다는 사실을 이 법계에 선포하신 겁니다. 구제 받아야 할 불완전한 존재가 아니라 완전한 존재로 보셨습니다. 부처님이 아니었다면 우리 자신이 본래 부처 대자유인이라는 사실을 몰랐을 겁니다."

그렇다 해도 깨달은 사람과 깨닫지 못한 사람이 있는 것처럼 부처와 중생은 분명 존재한다.

"비 오는 날엔 해가 보이지 않습니다. 맑은 날엔 해가 뚜렷이 보이지요. 두 해는 같습니까, 다릅니까?"

'해'는 불성佛性이요 '비'는 무명無明을 뜻함이라.

"우리들 몸은 비 오는 날과 같습니다. 하지만 먹구름이 짙어도 그 뒤에 태양이 있듯, 내 안에 불성, 부처님이 완전무결하게 갖춰져 있습니다. '나'라는 먹구름을 걷으세요. 무아無我를 통해 불성을 볼 수 있습니다."

탐욕貪慾, 진에瞋恚, 우치愚癡의 삼독三毒이 들끓는 이 마음도 '내 것'이고 '나'라며 여기는 중생인 이상 '나'를 걷어 내기란 여간 어려운 일이 아니다. 어디서부터 시작해야 할까.

"난, 어디로 가고 있는가?"

당장 참선부터 해보라 하지 않는다. 내가 지금 어디를 향해 걷고 있는지를 짚어보라 한다.

"저도 한때, 목적과 희망만 바라보고 달렸습니다. 씨앗도 심지 않고 과실만 기대한 셈이지요. 시간이 지날수록 더 큰 과실만 바라다보니 희망은 멀어지고 절망이 가까워지더군요."

잣대가 필요하다. 어디에 기준을 두고 자신을 돌아봐야 하는 것인가.

"내가 지금 부처님 말씀대로 가고 있는지를 성찰하세요. 어렵다 생각하시겠지요? 아닙니다. 내가 하는 말 한마디 부드럽게 하고 있는가? 진정성을 다해 따뜻하게 상대를 대하고 있는가? 사람, 꽃, 나무 한그루도 고귀하게 생각하고 있는지를 점검해보세요. 삼라만상을 안는 첫걸음이기도 합니다."

스님은 《법화경法華經》의 '약초유품藥草喩品'을 소개했다.

일시에 큰 비가 고루 내려 흡족히 젖게 하면,
모든 초목, 숲, 약초들은 제각기 비를 받아들인다.

비록 한 땅에서 나는 것이며 한 비로 적시는 것이지만
여러 가지 풀과 나무가 저마다의 차이가 있다.

"똑같은 물도 독초가 마시면 독을 품지만, 약초가 마시면
영약 기운을 간직합니다. 내가 지금 어디로 가고 있는지를 모
른다는 건, 내가 먹는 물이 약이 될지, 독이 될지도 모르고 마
시는 것과 같습니다. 땅에 떨어진 꽃씨가 제 스스로 혼자 꽃
을 피울까요?"

아니다. 흙, 물, 바람, 햇빛 등 삼라만상이 서로 조화롭게 만
나야만 가능한 일이다.

"《화엄경華嚴經》에 '모든 우주에 있는 별자리 하나, 태양열
하나까지 나와 하나다'라는 말이 나옵니다. 이를 좀 달리 표
현하면 흙과 물과 불과 바람의 4대가 지극정성으로 우리들을
받들고 있다는 겁니다. 삼라만상이 이처럼 자신을 왕 중의 왕
으로 대접해준다는 사실을 직시해야 합니다."

순간 가슴 벅참을 느낄 수 있었다. 불보살님이 자신을 보호
해 준다는 게 이런 의미였다. 물 한 방울도 나를 위해 저 하늘
에서 내려와 산 중턱에서 숨을 고른 후 감로각에 머물고 있었
던 것 아닌가. 아뿔싸! 목마름을 달래준 감로수에 '감사'의 합
장이라도 올려야 했었다. 쓰던 바가지 제자리에 놓을 줄만 알
았지 합장은 염두에 두지도 않았다. 그러니 물만 마실 줄 알았

지 삼라만상을 들이켰는지는 꿈에도 모를 일이다.

올해도 가족의 안녕을 염원하는 부처님오신날 연등이 불을 밝힐 것이다. 혜국 스님은 불자들이 한발 더 나아가기를 바란다.

"지난 세월 잘못한 게 없는지 살피고 참회의 등을 달았으면 합니다. 자신을 일깨워준 스승을 위한 등도 달았으면 참 좋겠습니다. 부처님께서 보고 싶은 연등이 아닐까요?"

작은 일 같지만 그렇지 않다. 부처님 법대로 살고 있는지 스스로 점검해 볼 수 있지 않는가.

스님의 정진 일화를 부탁드렸다. "지난 일 자꾸 들춰 뭐하나!" 하셨지만 공부하는 대중을 위해 자비심을 베풀어주십사 간청했다. 고개 한 번 끄덕이고는 살림살이를 진솔하게 내놓았다.

"처음부터 장좌불와長坐不臥(눕지 않고 앉아서만 하는 수행)를 하고 정진 잘 했다고? 모르는 소리. 매일 졸아요, 매일."

뜨거운 구도열정에 손가락 연비마저 단행하고 떠난 스님이 화두를 제대로 들지 못했다니 의아했다. 누구보다 당찬 혜국 스님 아니던가?

"연비하고 독한 마음으로 태백산으로 들어갔지요. 사람 멀리 한다고 도솔암으로 들어갔는데 사람이 제일 그리워. 새소리도 처음엔 나하고 대화하는 것 같았는데, 얼마 지나니 심드

렁하게 느껴집디다."

세상일이 제일 궁금했다고 한다. 아니, 사람 목소리가 제일 듣고 싶었다.

"한번은 저쪽에서 산삼 캐러 다니던 한도근 거사님이 걸어 오는 거예요. 마당에 서 있던 난 얼른 방으로 들어가 가부좌 틀었지."

산으로 들어왔으니 수행하는 모습만 보여주고 싶었을 터다.

"문밖에 서 있던 한 거사님이 이럽디다. '태백산 겨울 무서운 줄 모르시네요!' 곧 나를 찾겠지 했는데 한참을 기다려도 들어오지 않아요. 뒤에 뭐라 뭐라 하는데 잘 안 들려. 한참 후 나가보니 부엌 기둥과 도솔암 뒤에 있는 우물가 나무 사이를 밧줄로 이어놓고 간 거예요."

얼마 지나지 않아 눈이 내렸다. 태백산에 폭설이 내리면 1 미터 쌓이는 건 순식간이다. 솔잎과 콩, 쌀가루로 생식하고 있던 스님이었지만 며칠간 물을 마시지 못하니 갈증이 극에 달했다.

"그때, 한 거사님 말이 기억납디다. '스님, 눈 많이 오면 밧줄 돌려서 물 드세요.' 그래 밧줄을 둥글게 둥글게 돌렸지. 도솔 암 뒤 골짝을 꽉 채운 눈덩이 속에 굴이 생겨. 우물로 기어가서 얼음을 깨고 물 떠와 방에 다시 앉았지. 찬물에 작설차 우려내 한 모금 했어요."

그 맛은 어떠했을까?

"우주 기운이 내 식도를 흠뻑 적셔주는 것 같은데 말로는 표현을 못해요. 언젠가 한 번 더 그 맛보려고 며칠 굶고 찬물에 차 우려 마셔봤는데 아니야. 딱 한 번인 거지!"

'딱 한 번'에 관한 일화가 하나 더 있다. 해인사 머물 때 성철 스님으로부터 10만 배 권유를 받았는데 이렇게 되뇌었다고 한다.

'진실한 절 한 번이 중요하지 극기 훈련도 아니고 10만 배를 왜 하라 하시는가?'

그래도 성철 스님 말씀이니 믿고 하루 5천 배씩 해나갔다. 거의 10만 배에 이르렀을 즈음, 생전 처음으로 느껴지는 무언가가 있었다.

"굳이 말로 하자면, 나는 없고 절만 있어요. 그 순간 환희, 광명 속에 휩싸인 듯한데 눈물이 왈칵 쏟아지는 거예요. 진실한 절 한 번을 위해 헛절 10만 번을 하는 것이구나. 그 자리서 '성철 스님 고맙습니다' 했지요."

성철 스님에게 달려가 이 사실을 알렸다. 성철 스님은 "오래간만에 절 제대로 하는 놈 봤네" 하며 흡족해 하셨다. 혜국 스님은 '이제부터가 진짜'라며 10만 배를 다시 했다. 그러니 20만 배를 한 셈이다.

"근데 말입니다. 다시 10만 배를 하는데 그 절이 안 나와요.

환희 가득한 그 절 말입니다."

성철 스님께 여쭈어보니 간단명료한 답을 주셨다.

"한 번 지나간 물에 다시 손을 씻을 수 있느냐!"

도솔암에서 정진하면서도 수마睡魔 누르는 일이 가장 어려웠다고 한다. 별 방도가 보이지 않아 성철 스님에게 달려갔더랬다.

"큰스님은 장좌불와 하실 때 안 졸았습니까?"

"내가 목석이냐?"

순간 반가웠다. 큰스님도 조셨구나! 어찌해야 안 졸 수 있을까?

"천장에 밧줄 메고, 그 밧줄을 목에 걸고 앉아라."

도솔암으로 달려와 즉각 시행에 옮겼다. 그래도 밀려오는 졸음을 감당해낼 재간이 없었다. 목의 상처만 깊어질 뿐이다. 성철 스님을 또 찾았다.

"큰스님은 밧줄 걸고 해보셨습니까?"

"아니!"

"예?"

"이건 내가 해봤다. 발우에 물 담아 머리에 이고 앉아봐라. 얼마나 조는지 알 수 있을 게다."

성철 스님은 자신이 쓰던 철발우를 건넸다.

"한 시간이 멀다하고 떨어져요. 바닥에 흐른 물을 치우고는 다시 앉는데 또 떨어지고……."

절망에 이르렀다. 죽을 각오를 다지며 유서를 썼다.

'부처님, 이번 생엔 근기가 부족해 안 되니 다음 생에 다시 하겠습니다.'

"정말 죽고 싶었어요. 연비까지 하고 심산궁곡 도솔암에 들어와서도 계속 졸고만 있다는 사실에 속이 터지는 겁니다. 그래서 유서를 썼던 거예요. 그런데 막상 죽으려니 무섭기도 하고 억울하기도 해요. 그때 생식한다고 마시지 않고 탁자 위에 두었던 지리산 녹차가 눈에 들어왔어요. 선다일미禪茶一味라고 옛 스님들도 차로서 잠을 이겨냈다는데, 나도 한번 시도해보자고 생각을 바꿨지요. 생식할 때라 뒤꼍에 있는 우물을 떠다가 찬물에 녹차를 진하게 우려내서 정성들여 마셨습니다."

차 한잔하고 물 담은 철발우를 다시 머리에 얹었다. 찰나의 순간인 듯했지만 하룻밤이 지났다. 분명하게 체득한 게 있었다. 그 경지의 일편을 전했지만, 문자로 옮기기 어렵다.

"헛애를 얼마나 썼느냐가 열쇠입니다. 아는 만큼 보입니다. 딱 애쓴 만큼 보입니다."

성철 스님을 만났다. 법거량이 오고갔다. 거침없는 대답을 쏟아냈다.

"덕산탁발德山托鉢을 일러라!"

이전의 모든 화두에 대해서는 줄줄 대답했는데 여기서 막혔다. 백련암 영각에서 3년 더 정진하라는 명이 떨어졌다. 도솔암 나온 게 엊그제인데 어찌 3년을 더 할 수 있는가. 도망치듯 해인사를 나왔다. 통도사 경봉鏡峰(1892~1982) 스님에게 달려갔다.

'여사미거驢事未去 마사도래馬事到來를 일러라!'

막혔다.

"혜국 수좌, 여기서 천 일만 더 살아라."

또다시 통도사를 도망치듯 나와 송광사로 달려가 구산九山(1909~1983) 스님을 찾았다. 구산 스님이 물었다. "여사미거 마사도래를 일러라!"

"큰스님 귀를 빌려 주십시오."

구산 스님이 귀를 내밀었다. 혜국 스님은 구산 스님의 뺨을 올려붙였다. 구산 스님이 "미친놈!" 하는 순간 달음박질쳤다. 이후 구산 스님을 다시 찾아 암자에서 가부좌를 튼 건 비승비속으로 산천을 주유한 후였다.

"선지식이 고마울 뿐입니다. 그때 저를 인정했다면 지금의 혜국은 없을 겁니다. 손가락 연비? 자신은 바꾸지 않고 옷만 바꿔 입은 것일 뿐입니다."

큰 가르침이다. 연비는 분명 엄청난 일이다. 그렇다 해서 수행이 저절로 수승해지는 건 아니다. '씨앗은 심지 않고 과실만 바랐다'는 의미는 여기에 있었다. '희망은 멀리가고 절망만 다가온다'는 말도 일맥상통한다. 평생에 걸쳐 쌓아놓은 아만과 집착의 벽을 무너뜨리려면 '나도 부처'라는 확신을 굳건히 세워야 한다. 그래야 화두도 잘 들린다. 남국선원과 석종사를 창건한 연유도 이 뜻을 전하고 싶었던 것이리라.

"우리 모두에게 불성이 있다고 부처님께서 말씀하셨습니다. 이를 믿고 정진의 길로 들어서야 합니다."

천척루에 다시 서보았다. 우리 모두가 새겨야 할 스님의 말씀이 귓전에 맴돈다.

"마음 안에 여래의 씨앗을 심으세요! 정진하다보면 환한 연꽃이 피어날 겁니다!"

언제 이곳을 다시 찾아 점검할 수 있을까! 부처님께서는 올해도 어김없이 오시는데.

도연법흥度然法興 스님

1931년 충북 괴산 출생. 1959년 동화사에서 효봉 스님을 은사로
수계득도한 후 1974년 송광사 주지, 1980년 불교정화중흥회의
사무총장, 4대, 5대, 8대 조계종 중앙종회의원을 역임했다. 통도
사, 해인사, 송광사, 오대산 상원사 등 제방선원에서 수선안거한
법흥 스님은 현재 송광사 조실로 주석하며 청정 수행가풍을 계
승하고 있다. 《선의 세계》를 엮었으며 《계율강요》를 편역했다.

비 온다고 해 없는 게 아니야

송광사로 향하기 전날 천둥번개를 동반한 비가 하루 종일 내렸다. 비는 다음날 아침에야 그쳤다. 송광사도 그랬나 보다. 아침 햇살 내려앉은 절이 시리도록 산뜻하다. 선열당禪悅堂 옆 흐르는 개울 지나 돌계단 오르니 화엄전華嚴殿이다. 송광사 조실 법흥法興 스님은 저 전각 옆 요사채에 주석하고 있다. 빗장 열고 들어선 경내는 단아하면서도 쾌적했다. 왼쪽 당우에 걸린 주련은 《선요禪要》에 나오는 구절이다.

바다 밑 진흙소가 달 머금고 달아나니
바위 앞에 돌호랑이가 아이 안고 졸고 있다

철뱀이 금강신장의 눈에 끼어드니

곤륜산이 코끼리를 타고 백로가 이끈다

海底泥牛含月走 巖前石虎抱兒眠

鐵蛇鑽入金剛眼 崑崙騎象白鷺牽

　법흥 스님 요사채 정면에 걸린 편액은 '목우산방牧牛山房' 이 아닌 '방우산방放牛山房'이다. 보조국사普照國師 지눌知訥 (1158~1210) 스님은 스스로 '소 먹이는 사람'이란 뜻으로 호를 '목우자牧牛子'라 했다. '목우'는 친숙하나 '방우'는 낯설다.

　"방우라 함은 풀어놓은 소를 의미합니다. 여기서 소는 '자유로운 소'를 말합니다. 대학시절 은사인 조지훈趙芝薰 (1920~1968) 선생이 말년에 보낸 오대산 토굴의 당호를 방우산 장放牛山莊이라 이름 했는데 뜻이 좋아서 차용했지요. '산장'은 여관의 정취를 풍기는 것 같아 '산방'이라고 지었습니다."

　조지훈 시인은 방우산장에 지내며 오대산에서 수행하던 스님들에게 외전外傳(불교경전 이외의 다른 서적)을 강의했다. 자신이 거처하던 집 이름을 방우산장이라 지은 이유는 그의 수필집 《방우산장기放牛山莊記》에 드러나 있다.

　집이란 물건은 고루거각高樓巨閣이든 용슬소실容膝小室이든 지, 본디 일정한 자리에 있는 것이요, 떠메고 돌아다닐 수 없는 것이매, 집 이름도 특칭의 고유명사가 아닐 수 없으나. 나의 방우산장은 원래 특정한 장소, 일정한 건물 하나에만 명명한 것이 아니고 보니, 육척 수신장구 담아서 내가 그 안에 잠자고 일하며, 먹고 생각하는 터전은 다 방우산장이다.

'산속 집'이라 했지만 산이 있든 없든, 내 집이든 친구의 집이든 그가 머무는 그곳이 다 산장이다. 시인이 말하는 '소'는 뒤이어 나온다.

기른 한 마리 소야 있든지 없든지 방우라 부르는 것은, 내 소 남의 소를 가릴 것 없이 설핏한 저녁 햇살 아래 내가 올라타고 풀피리를 희롱할 한 마리 소만 있으면, 그 소가 지금 어디에 가 있든지 내가 아랑곳할 것이 없기 때문이다.

시인의 자유로움과 소탈함이 짙게 배어 있다. 법흥 스님은 1959년 고려대학교 국문학과를 졸업한 직후 출가했다. 은사는 '절구통 수좌' 효봉曉峰(1888~1966) 스님. 그러나 출가 원력을 세웠을 때의 첫 인연은 대승사大乘寺 묘적암妙寂庵에서 만난 일타日陀(1929~1999) 스님과 맺었었다.

"문경 대승사 묘적암에서 홀로 수행 중이셨던 일타 스님을 친견하자마자 '출가하러 왔습니다' 했지. 스님께서는 '한 아들이 출가하면 구족九族이 생천生天한다!' 하시며 그 자리서 삭발해주셨어. 일타 스님은 채공을 맡고 난 공양주 봤어. 그때 《초발심자경문初發心自警文》도 배우고, 3일 동안 1만 배 정진도 했지. 3개월 후 일타 스님이 수행처를 옮기면서 '효봉, 인곡麟谷 스님이 계시는 동화사로 가보라!'고 이르셨어."

그런데 다음 날 아침 일타 스님은 갑자기 혜암慧菴 스님부터 만나 보라며 소개장을 써주셨다. 그 소개장을 쥐고 대구 버스정류장 인근 자갈마당(대신동)에서 동화사행 차를 기다리고 있었다. 한 스님이 다가왔다.

"어디로 가십니까?"

"동화사 갑니다."

"어인 일로 가십니까?"

자초지종을 들은 스님은 일타 스님이 써줬다는 소개장을 보여달라 했다.

"안 됩니다. 이 소개장은 혜암 스님에게 먼저 보여드려야 합니다."

"내가 혜암이요!"

훗날 조계종 10대 종정에 오른 혜암성관慧菴性觀(1920~2001) 스님이다. 당시 혜암 스님은 동화사에서 인곡 스님을 모시고 있었다. 혜암 스님이 법홍 스님에게 '왜 사문의 길을 걸으려 하느냐?'고 물었다.

법흥 스님은 독실한 불자 가정에서 태어났다. 매일 아침저녁으로 《반야심경》을 독송하는 부친이었다고 하니 어려서부터 들은 건 '옛날 옛적 이야기'가 아니라 불교 설화였을 터다. 길에서 만난 스님이 마냥 좋았고 절만 가면 심장이 뛰었다. 고려대 재학시절엔 학교를 오르내리면서도 안암산安巖山 개운사開運寺를 향해 합장했다. 틈이 좀 난다 싶으면 해가 떠오를 즈음 서울 숭인동 청룡사로 올라가 새벽 기도를 올리곤 했다.

혜암 스님은 법흥의 손을 이끌고 곧장 효봉 스님에게로 안내했다. 법흥 스님과 효봉 스님의 인연은 이렇게 맺어졌다.

"효봉 스님께서는 참선해라 하셨지. 내로라하는 강백講伯(불법을 강설하는 강사를 높여 부르는 말)도 말미엔 참선 못한 것을 후회한다며 죽을 각오로 덤벼보라 하셨어!"

'무자無字' 화두를 든 법흥 스님은 언어 이전의 일대사를 해결하여 확철대오廓撤大悟 해보려 정진에 정진을 거듭했다. 그러나 건강이 허락하지 않았다. 탁월한 기억력 또한 알음알이를 내려놓아야 하는 참선에는 걸림돌이었다. 어쩌면 늦깎이로 입산한 만큼 빨리 깨닫겠다는 조바심이 상기上氣를 일으켜 몸져 눕게 했을 수도 있다. 참선을 잠시 접고 기도로 돌아섰다. 성철 스님 권유로 해인사에서 340일 동안 17만 배를 올리고, 또다시 340일 동안 하루 네 번 마지를 올리며 한 시간씩 기도했다. 끓어오른 상기는 어느새 스스로 가라앉았다.

"그때 그 병을 다스리지 못했다면 난 지금 산문 밖에 있을지도 몰라."

법흥 스님의 수행력은 이미 조계종 원로회의 내에서도 정평이 나 있다. 지금도 스님은 시봉을 두지 않고 손수 빨래하며 양말을 꿰맨다. 화엄전을 찾아오는 사람에게 연기와 중도가 무엇인지, 왜 불교를 믿어야 하는지를 상세하게 설명한 후 일체유심조一切唯心造를 강조한다. 그만큼 마음 작용이 일상생활에서 중요하기 때문이다.

"마음은 상이 없으니 무상無相이야. 그런데 이 마음이 모든 것을 지배해! 내가 짓는 마음이 극락도 만들고 지옥도 만든단 말이지. 어떤 세상을 살아가고 싶은가!"

그 누구도 꽃향기 가득한 극락서 살고 싶지 펄펄 끓는 쇳물 속에서 터져나오는 비명 가득한 지옥에서 살고 싶어하지 않는다. 극락도 지옥도 분별임을 알아야 한다는 건 그 다음 일이다.

"마음 닦는 것이 수심修心이요, 마음 기르는 것이 양심養心이며, 마음 쓰는 것이 용심用心이야. 어느 하나 먼저라 할 것도 없이, 어느 것 하나 소홀히 해서도 안 돼. 불교 공부란 결국 마음공부인 거야. 이 공부 위해 방석 위에서 몇 날 며칠을 꿈쩍 않고 앉아 있는 거지!"

어떤 마음을 닦고, 기르고, 써야 하는 것일까. 사실 '닦을 마음 따로 있는 게 아니다'라는 일언도 있고, '닦겠다는 그 마음마저 내려놓으라'는 일성도 있다. 용심勇心먹고 뛰어들기 전에 어떤 마음을 닦고 기를 것인지 명확하지 않으면 시작도 하기 전에 드러눕고 만다.

"청정심淸淨心 갖는 공부에 제일 힘써야 해. 임제선사臨濟禪師도 '청정심이 곧 부처'라 했을 만큼 청정심에 대한 중요성을 역설했잖아. 내 마음이 맑을 때 부처님 마음이 되는 것이고, 내 마음이 더러우면 축생의 마음일 뿐인 게야. 사심邪心을 제거하고, 탐진치貪瞋癡를 걷어 낸 광명정대光明正大한 마음을 가져보려 노력해봐."

법흥 스님은 중도관中道觀도 가져보라 권했다. 중도의 기본 형태는 유무有無, 생멸生滅 등의 상대적 극단에 집착하지 않는 것이다. 법흥 스님의 중도관은 여기서 그치지 않는다.

"양변兩邊 어디에도 치우치지 말라, 또는 어디에도 집착하지 말라는 건 같은 말이야. 그런데 이건 실천 사항이야. 이론 사항이 아니라구! 고락苦樂을 예로 들면, 중생은 해탈을 얻기 전까지는 무엇을 대하든지 고가 아니면 낙이요, 낙이 아니면 고라 인식해서 항상 양변에 머물러 있어. 괴로움과 즐거움 사이를 매 순간 오르내리니 생각은 복잡하고 마음은 산란한 거야. 사실 많은 출가인들도 여기에 매여 있어. 세간의 향락을 버릴 줄은 알아. 그런데 고행에서 비롯된 괴로움, 이것도 병인 게야.

수행 단계에서는 필요하지만 궁극에는 이것마저도 버려야 해. 고와 낙, 둘 다 내려놓지 않으면 해탈은 요원해."

고와 낙의 어떤 한편에 집착하지 말라는 게 아니라, 고와 낙 둘 다 여의라는 뜻이다.

"고락을 버린다는 것은 모든 집착에서 완전히 떠난다는 의미야. 고와 낙 등의 일체 양변을 떠난 경계를 중도라 하는 거지. 이렇게 양변을 버린 중도를 정등각正等覺이라 하는 걸세."

법흥 스님은 중도의 진면목을 보고 싶다면 중국의 육조혜능六祖慧能대사와 혜명慧明 스님의 일대사를 눈여겨보라 한다. 육조혜능대사는 자신의 의발衣鉢을 빼앗으러 온 혜명 스님에게 한마디 던졌다.

선도 생각하지 말고 악도 생각하지 말라.
바로 이러한 때 어느 것이 그대의 본래면목인가?

이 한마디에 혜명은 크게 깨달았다.

《금강경》에서도 '이 법은 평등하여 높고 낮음이 없으니 이 이름이 아뇩다라삼먁삼보리라고 하느니라(是法平等 無有高下 是名阿耨多羅三貘三菩提)'라고 했지. 부처님이 전한 인연법과 중도관을 가슴에 안고 오늘부터 청정심 하나 길러봐. 마음 하나 쓰는 것부터 달라질 거야."

법흥 스님은 경전공부도 게을리하지 말라 했다. 부처님 말씀 한 구절도 제대로 모르면서 앉아 있어봐야 헛일이다. 그 반대로 팔만대장경을 외운다 해도 스스로 깨닫지 않으면 이 또한 헛일이다.

　"《선가귀감禪家龜鑑》에 이런 말씀이 있지. '총명한 지혜도 업의 힘을 능히 막을 수 없고, 마른 지혜만으로는 윤회의 고통을 면할 수 없다(聰明不能敵業 乾慧未免苦輪).' 경허鏡虛(1849~1912) 스님도 문자만 알아서는 생사해탈할 수 없다 하셨어. 폭포수 같은 설법을 한다 해도 경계를 만난 순간 탁 막혀 그 자리서 쓰러지는 사람이 많아. 선교겸수禪教兼修는 스님들만의 일이 아니니 염두에 두어야 할 게야."

　돌아서는 순간 스님의 일성이 들려왔다.

　"이보게! 비가 내린다고 해가 없는 게 아니야!"

　하늘을 올려다보니 해가 밝게 빛나고 있다. 비는 또 내릴 터인데 그 속에 숨은 해는 언제쯤 꺼내 볼 수 있을까.

금곡무여金谷無如 스님

오대산 상원사에서 희섭喜燮 스님을 은사로 출가했다. 동화사,
해인사, 송광사, 관음사 등 제방선원에서 20여 년간 수선안거한
후 칠불사와 망월사 선원장을 맡았다. 현재 봉화 축서사에 주석
하며 납자들을 제접하고 있다. 저서로는《쉬고, 쉬고 또 쉬고》가
있다.

쉬고, 쉬고 또 쉬어라

경북 봉화 축서사鷲棲寺에는 두 개의 선원이 있다. 수좌가 머물며 정진하는 '문수선원文殊禪院'과 재가불자를 위해 문을 연 '보현선원普賢禪院'이다. 두 선원은 여느 선원과는 다른 독특한 특징이 있다. 문수선원의 하루 정진 시간은 열다섯 시간이며 결제도 5개월이다. 해제가 딱 한 달인 셈이다. 보현선원의 하루 정진 시간은 열 시간인데 큰 방이 따로 하나 더 있다. 이 방은 24시간 개방되어 있어 열 시간 이상 정진하려는 사람은 누구든 이곳에서 가부좌를 틀 수 있다. 단, 이 방에 들면 누구든 묵언해야 한다. 그리고 입방 직후부터 해제하는 그날까지 산문을 나설 수 없다.

웬만한 작심으로는 방부 들일 엄두조차 낼 수 없다. 어찌 보면 '초보자는 들어올 생각 말라'는 가혹함마저 느껴진다. 그러나 여기에 축서사의 가풍이 서려 있을 것이라는 확신으로 길을 나섰다.

무여無如 스님은 고등학교 시절부터 '어떻게 사는 게 잘 사는 길인가'라는 물음을 던졌다. 삶과 죽음이라는 물음 앞에서 눈물 흘리며 밤을 지새우는 날들이 많아졌다. 스스로에게 던진 진지한 물음들이 출가의 끈으로 이어졌을 것이라고 술회한 것을 보면 생사 문제는 이미 청소년시절부터 자연스럽게 잡힌 화두였다.

대학에서 경제학을 공부하다가 군복무를 이어가던 중 휴가차 서울 조계사를 참배하면서 불연佛緣이 시작됐다. 《반야심경》강의가 가슴을 울렸다.

'눈앞의 세계, 의식 세계의 실체는 없다. 늙음과 죽음도 없고, 늙음과 죽음의 다함도 없으며, 고집멸도苦集滅道도 없고, 지혜도 얻음도 없다. 이런 까닭으로 얻어지는 것들 또한 없다.'

제대 후 직장에 다니면서도 '나의 존재'에 대한 물음은 이어졌다. 그 물음의 끝자락을 따라 다다른 곳이 해인사이다. 그곳에서 결단을 내렸다.

'수행을 통해 내 물음의 답을 찾아보자!'

송광사 등 몇 개의 산사를 거쳐 오대산 상원사로 들어가 희섭喜燮 스님을 은사로 삭발염의 했다. 새벽예불 마치면 도량을 청소해야 했고, 이른 아침부터 산에 올라가 나무 한 짐 지고 내려와야만 했다. 공양 준비 때마다 아궁이에 불을 지피면서도 공양주와 채공까지 맡았으니 한가할 틈이 없었다. 그렇다 해도 오대산에서 시작한 '이 뭣고' 화두만은 놓지 않으려 무던히도 애를 썼다.

시선은 늘 3미터 전방에 고정시켰고, 가급적 옆은 보려 하지도 않았다. 하루하루 일상이 고된 일로 이어졌지만 힘들다고 여기지 않았다. 오히려 '잘 왔다. 여기서 마쳐야 한다'는 열의를 태웠다. 고봉원묘高峰原妙(1238~1295) 스님을 비롯한 옛 선지식들이 말했던 '간절함'을 뼈에 새겼기에 가능한 일이었을 터다.

"화두를 어떻게 들어야 하는가는 이미 옛 분들이 고구정녕하게 말씀하셨지요. 정말 성심성의껏 최선을 다해 들어야 합니다. 드는 둥 마는 둥 해서는 안 됩니다. 사막에서 물을 찾듯이, 어머니가 집 나간 아들을 기다리듯이 하라는 말은 모두 일맥상통한 가르침입니다. 닭이 알을 품듯이 하라는 가르침도 있지요. 닭은 한여름 무더운 날에도 알을 품습니다. 더위에 지쳐 입을 벌리며 숨이 넘어갈 듯 헐떡거리면서도 절대 둥지를

떠나지 않습니다. 간절해야 합니다. 평생 간절 절切 자 하나를
이마에 붙이고 살다보면 소식이 있을 것이라 하지 않습니까."

그러나 화두는 현대인에게 잘 맞지 않는다고 푸념하는 사
람이 많다. 심지어 '의정疑情(화두에 대한 의심이 완연하게 된 수행단계)
은 아무나 일으킬 수 있는 게 아니다'라는 주장도 있다.

"본말이 전도됐습니다. 화두에 대한 확고한 믿음 없이 화두
를 드니 '어렵다', '안 된다', '맞지 않다'라고 하는 겁니다. 이 공
부는 세수하다 코 만지는 것 보다 더 쉽다 했습니다. 무조건
어렵다 할 게 아닙니다. 화두가 안 되는 사람은 우선 자기 자
신을 돌아보아야 합니다. 확고한 믿음 없이 불법의 바다를 건
너려는 것은 한낱 수고로운 일에 지나지 않습니다."

부처님 마음에 이르려는 공부가 어디 쉬울 수만 있겠는가.
어려움을 탓할 게 아니라 '어떤 마음으로 하는지'를 따져보아
야 한다.

"부처님께서는 의식만 있으면 깨칠 수 있다고 하셨습니다.
만공滿空(1871~1946) 스님은 '장맛만 알아도 깨칠 수 있다' 하셨
습니다. 누구에게나 가능성은 열려 있습니다. 화두가 안 되면
'나는 왜 안 되는가'라는 분심憤心을 가져보세요. 만공 스님은
되는데 왜 나는 안 되는가? 만공 스님과 내가 뭐가 그리 다르
기에 안 된단 말인가! 절대로 해낼 수 없는 일이 아닙니다."

화두를 통해 삶과 죽음까지 초탈할 수 있음을 여실히 믿고

해보라 한다.

"간절하게 애쓰고 애쓰다보면 큰 의정이 일어나고, 나와 화두가 한 덩어리가 됩니다. 이내 은산철벽銀山鐵壁(은산과 철벽을 마주한 것과 같아서 오도 가도 못하는 상태. 화두를 든 상황을 이름) 앞에서 어찌할 수 없는 절박한 상황을 맞이합니다. 이때 참선인은 한바탕 죽어 하늘과 땅조차 사라지는 일생일대의 큰일을 겪게 됩니다. 그 산을 뚫고 나면 분명 소식이 있습니다."

화두가 잘 되고 있음은 어떻게 알 수 있을까. 물론 화두가 익어간다 싶으면 선지식을 만나 점검해보는 게 가장 빠른 길이지만, 선지식 만나 묻는 것 자체도 쉬운 일은 아니다.

"화두가 잘 익어간다 하면, 적어도 선정에 들어 있는 상태를 말합니다. 삼매를 맛본 사람이지요."

참선하는 동안 시간이 얼마나 지났는지, 내 몸이 있는지 없는지도 모를 정도로 시간과 공간을 초월한다고 한다. 선가에서 말하는 성성적적惺惺寂寂(고요한 가운데 화두만이 맑게 깨어 있는 상태의 삼매)의 경지다.

"엄밀히 말하면 성성적적에 이르러야 이 공부의 첫걸음을 걸었다 할 수 있습니다. 이쯤 되면 선지식으로부터 점검을 받아야 합니다. 점검 받을 때는 당당하게 받으세요. 혹, 심한 꾸중을 들으면 어떨까 하는 괜한 걱정을 하는 분도 계신데 그럴 필요 없습니다. 그건 그 다음 일이 아닙니까?"

무여 스님은 성성적적 상태가 순일하게 진행되면 일체 번뇌 망상이 점차 가라앉거나 사라진다고 한다. 혹, 작은 망상이 올라온다 해도 그 망상은 힘이 없다. '화롯불에 눈 한 점 앉는 격'이요 '불구덩이에 지푸라기 하나 던져질 뿐'이라는 것이다.

"법열法悅이 밀려옵니다. 그 어떤 기쁨보다 더 큰 환희심이 샘솟습니다."

그 선미를 온몸으로 느낀 직후 부처님께 절을 올렸다고 한다. 하염없는 뜨거운 눈물과 함께 말이다. 옷섶을 스치는 바람 한 점, 길가에 핀 풀꽃 한 송이도 예사롭게 보이지 않았다.

"법열을 느낀 순간 정진의 힘은 극대화 됩니다. 화두를 놓으려 해도 놓을 수 없습니다. 그러나 여기서 끝이 아닙니다. 가야 할 길이 아직 남아 있음을 잊어서는 안 됩니다."

하심下心할 줄 알아야 도가 더욱 높아진다고 했다. 자기 스스로를 높이고 건방진 생각을 하는 사람에게 도는 점점 멀어져만 갈 것이니 항상 챙겨두라고 당부한다.

무여 스님은 《쉬고, 쉬고 또 쉬고》를 내놓은 바 있다. 책 제목이기는 하지만 '쉬라'는 말은 무여 스님이 선법문을 통해 자주 설하던 말씀이다. 이 한마디는 좀 위험하게 들릴 수 있다. '쉰다'는 말은 묵조선默照禪이 주로 사용했던 말이기 때문이다. 간화선은 쉬기만 하는 묵조선을 향해 '가만히 앉아서 안락만 취하며 그 어떤 것도 하지 않는 무책임한 일'이라며 정면으로 비판했다.

"마음을 내려놓는다, 쉰다, 비운다는 말을 좀 쉽게 풀어보면 일체의 잡다한 생각을 하지 않는다는 겁니다. 무엇을 이룬다는 것조차도 놓고 비우라는 겁니다. 물론 단번에 이 이치를 알아차리기는 어렵겠지만 이 공부를 계속 하다보면 의미를 알 수 있습니다."

진정한 수행자만이 스님이 전하는 '쉼'을 헤아릴 수 있을 듯싶다. 다만 묵조선의 '쉼'과는 엄연한 차이가 있다는 사실은 분명히 알겠다. 무여 스님 방에 걸려 있는 작은 액자 하나가 눈에 들어왔다. 한암漢巖(1876~1951) 스님이 쓴 글씨로 천목중봉天目中峯(1263~1323)선사의 '화두참구 가르침'을 담고 있었다. 그중 첫 구절 해석을 부탁드렸다.

도를 닦는 마음 견고히 하여
모름지기 반드시 견성하라
화두를 꼭 붙들고
마치 생철을 씹는 듯이 하라
道心堅固 須要見性
捉着話頭 如咬生鐵

"생철을 씹으려면 어떻게 해야 할까요. 모기가 무쇠솥을 뚫

듯이 하지 않으면 어렵습니다. 하지만, 씹으면 씹을수록 오묘
한 맛이 있습니다."

　용맹정진 속에서 화두를 들어본 사람만이 맛볼 수 있는 오
묘함이리라. 무여 스님은 불자들에게 한 말씀 전했다.

　위없는 보리도를 구하려 한다면
　화두 일구에 목숨을 걸어라.
　몸과 마음까지 잊어버린 곳에 이르면
　참 부처가 여여하여 자색광명 비추리라!

　축서사가 초보 수행불자를 막는 게 아니다. 누구든 대신심
과 대분심, 그리고 대의심을 내었다면 백척간두진일보百尺竿頭
進一步하는 마음으로 언제든 방부를 들이라고 역설적으로 말
하고 있다. 또한 모든 수행인은 생철을 씹듯 목숨을 걸고 용맹
심으로 이 공부를 지어가라고 이르고 있다.
　혹, 수행 중 두려움이 생겼거나, 아무리 애써도 화두가 순
일하지 않다면 축서사로 발길을 돌려보시라. 앞을 가로막았던
장애가 거둬질 것이다.

설우雪牛 스님

1971년 상주 원적사에서 원명 스님을 은사로 출가한 스님은 해인사, 통도사, 동화사, 수도암, 도성암 등지에서 35안거를 성만했다. 조계종 간화선 수행지침서 편집위원, 조계종 선원청규 편집위원을 역임한 설우 스님은 조계종 승가고시 위원, 조계종 기본선원 교선사, 조계종 승가 청규위원장을 맡고 있다. 현재 청도 화악산 대감사 회주로 주석하고 있다. 저서로는《행복한 금강경 이야기》《선요, 선사의 체험으로 풀어내다》가 있다.

깨달음은 정견에서 싹 튼다

"농부가 독수리 알을 주워와 암탉에게 품게 했습니다. 거기서 뭐가 나왔겠어요? 어느 날 황금 독수리가 병아리 노니는 마당 위를 날았습니다. 한 병아리가 독수리한테 걸리면 제삿날이라며 서둘러 닭장으로 피하자고 외칩니다. 독수리 새끼도 병아리 무리를 따라 닭장 안으로 숨었습니다. 만약, 농부가 독수리 새끼한테 '너는 암탉이 품긴 했지만 본래 황금독수리 새끼'라는 사실을 일러줬다면 어땠을까요? 어미 독수리를 보자마자 창공으로 날아올랐겠지요."

설우雪牛 스님이 펴낸《행복한 금강경 이야기》일부분이다. '모든 중생에게 불성이 있다'는 일체중생一切衆生 실유불성悉有

佛性을 비유한 이 대목에서 무릎을 탁 쳤다. 《법화경》에 등장하는 '사자 비유'보다 '독수리 비유'가 더 확연하게 다가왔다.

이 한 구절을 따라 창원 진불선원으로 향했다. '무명에 가려 해탈하지 못하고 있는 것(無明覆故不得解脫)'이라 했는데 무명을 어떻게 걷어낼 것인가? 누구든 창공을 나는 위풍당당한 독수리가 되고 싶지 땅 위만 평생 걸어 다니는 닭이 되고 싶진 않을 터. 설우 스님이라면 묘책이 있을 것이라는 기대감이 한껏 부풀었다.

조계종 불학연구소와 전국선원수좌회가 심혈을 기울여 펴낸 《간화선看話禪》 편찬을 이끈 설우 스님은 선교禪敎에 두루 밝아 승가에서는 그 명성이 자자하다. 하지만 법인정사가 있는 청주와 진불선원이 있는 창원 지역 외의 일반 불자들에게는 다소 낯설 수 있다. 전국 사찰에서 법문하기보다는 법인정사와 진불선원에 주석하며 재가불자 지도에 진력하고 있기 때문이다.

설우 스님의 출가인연은 독특하다. 은산철벽銀山鐵壁을 깨 대자유인이 되겠다는 큰 발원이 있었던 것이 아니다. 가정 형편이 어려워서는 더더욱 아니고, 사춘기 시절의 방황 끝에 찾은 산문도 아니다. 설우 스님은 불심 돈독한 가정의 7남매 중 여섯째로 태어났다. 모친은 대원정大圓淨 보살. 큰스님을 두루 모셨던 모친은 승가에서도 불심 깊은 보살로 정평이 나 있었다. 어머니는 평소에 7남매 모두를 승가에 귀의시키고 싶다는 바람이 있었다. 하지만 누구도 출가하려 하지 않았다. 이를 지켜본 설우 스님이 '내가 출가해 어머님을 기쁘게 해드리겠다' 하고는 고등학교 졸업 직후 출가를 단행했다.

설우 스님이 내는 차 한잔 음미하며 출가인연이 남다르다 하자 스님은 만면에 웃음을 보였다. 적어도 설우 스님에게 모친은 자신의 신장神將이었다며 일화 한 토막을 전한다.

은사 원명 스님의 명으로 잠깐 주지 소임을 맡은 때가 있었다. 어느 날 택시 한 대가 대흥사 일주문 앞에 섰다. 모친이 내렸다. 택시는 돌아가지 않고 그대로 대기하고 있었다. '꾸중 듣겠구나!' 하는 직감이 들어 마음을 단단히 먹었다.

"스님, 여기 왜 계십니까?"

"청소년 포교를 하려 합니다."

"스님 인생 문제도 해결 못하면서 누구 인생길을 열어준단 말입니까?"

'쿵' 했다. 그렇다고 여기서 물러날 순 없었다.

"완성된 경지에서 교화하자는 게 아닙니다. 부처님 말씀 나누며 함께 수행하고자 합니다."

"말만 잘하는 수도승 되지 마세요!"

더 이상 배겨낼 재간이 없었다. 그 다음날, 걸망 매고 선원으로 향했다.

대원정 보살의 불심과 선기가 한껏 느껴진다. 선원에 걸린 설우 스님의 친필이 힘 있어 보였다. 스님은 또 한 번 미소를 보인다. 토굴에 잠시 머물렀던 적이 있었다. 붓글씨에 관심이 있어 나름 연습을 좀 하곤 했다. 어느 날 보살님이 이 광경을 보시고는 한마디 했다.

"스님, 붓글씨는 왜 씁니까?"

"신도님들에게 부처님 말씀 써드리면 좋지 않겠습니까?"

"세상 사람들이 스님 찾아오는 건 마음 문제 해결해달라는 거 아닙니까? 붓글씨는 세인들이 더 잘 씁니다!"

더 할 말이 없었다.

진불선원을 연 첫 달에 100여 명의 신도가 몰려왔고 3개월 만에 신도는 300여 명으로 늘었다. 진불선원이 자리한 위치가 좋아서일까? 아니다. 지금의 진불선원은 최초의 진불선원에서 이전해 자리 잡은 것이다. 설우 스님이 처음 선원을 열었을 당시 건물에는 노래방과 식당이 있어 강의 중에도 고기를 굽고 삶는 냄새에 곤혹을 치렀다. 노래방에서 나오는 소음 또한 새벽까지 이어졌으니 잠 한 번 제대로 청하기 어려웠을 터. 그럼에도 스님은 강의와 참선지도를 멈추지 않았다.

"놀라운 건 신도님들의 열망이었습니다. 부처님 말씀 새겨 보려는 그 마음 한 자락, 눈빛을 통해 확연히 느낄 수 있었습니다."

진불선원에서는 선불교대학도 운영했는데 그 이유가 궁금했다. '모든 알음알이를 내려놓고 선문에 들라' 하지 않던가. 스님은 정견을 세워야 하기 때문이라 단언한다.

"정법·정견을 세우지 않고 공부하면 알음알이로 인해 고통에 시달릴 수 있습니다. 《능엄경楞嚴經》에서는 그런 공부를 '지옥 가는 종자'라 했습니다. '상相'을 떨어트려려 하는데 오히려 더 큰 '상'이 붙을 수 있기 때문입니다. 그 상은 번뇌를 낳고 번뇌는 또 다른 고통을 불러옵니다. 그 고통, 그게 바로 지옥입니다. 임제선사도 언급했습니다. '아직 거친 풀에 호미질도 안 한 상태다.' 거친 번뇌의 망초를 손보지도 못한 주제라는 겁니다."

설우 스님은 우두법융牛頭法融(594~657)선사 일화를 꺼냈다.

법융선사가 수행하는 자리 옆에는 날짐승들이 꽃을 물어다 놓고 네발 달린 짐승들이 과일을 물어왔다. 밤이 되면 선사 몸에서는 빛이 나왔다. 어느 날, 사조도신四祖道信(580~651)대사가 찾아와 옷 한 벌을 건넸다. 이에 법융선사가 말했다.

"나는 부모로부터 물려받은 옷을 평생 입어도 떨구지 못하니 이런 조작으로 만든 옷은 입을 필요 없습니다."

도신대사가 묻는다.

"부모가 그 옷을 주기 전에는 무슨 옷을 입었는가?"

이에 꽉 막혀버린 법융선사는 도신대사에게 법문을 청했

다. 도신대사의 지도를 받은 법융선사는 다시 정진의 고삐를 당겼다. 달라진 게 있었다. 수행하는 자리 곁에는 꽃도 과일도 없었다. 빛 또한 사라졌다. 법융선사는 도신대사가 머무르는 쪽을 향해 절을 올렸다.

"스승님께서 내려주신 은혜가 너무도 큽니다!"

"법융선사도 수행한다는 상을 일으켰던 겁니다. 상을 일으키니 에너지가 발산되고 그 에너지를 좇아서 짐승들이 모였던 것이지요. 이 또한 대단한 경지라 찬탄할 수 있겠지만 분명한 건 이게 정법은 아니라는 사실입니다. 도신대사가 법융선사에게 무엇을 설했겠습니까? 정법안장正法眼藏입니다."

수행한다는 상은 또 다시 상을 만들어 궁극에는 자아도취나 아집이라는 사슬에 얽매이게 한다는 사실을 설우 스님은 강조하고 있다.

"설산동자가 몸을 던져 법을 구한 연유가 무엇입니까? 정견을 세우고자 했던 겁니다. 법에 대한 견해가 바로 서야 발심할 수 있고, 그런 발심이라야 퇴전退轉하지 않습니다. '좋다는데 한번 해볼까?' 하는 것은 발심이 아니고 관심이고 흥미일 뿐입니다."

진불선원의 선불교대학에서는 선어록반이 꽤 인기 있었다. 《대승기신론大乘起信論》《육조단경六祖壇經》《서장書狀》등을 강의하는데 졸업이라는 게 없이 평생 가는 프로그램이었다. 여기서 한 가지 의문이 또 든다. '수행하는 사람은 경전이나 어록을 보지 말라' 하지 않았던가?

"맞습니다. 선어록을 파헤쳐 이런저런 논리로 꿰맞춰가다 '나도 깨달았다!' 하면 착각도인이 되는 겁니다. 선지식들은 이 점을 염려해 선어록을 멀리하라 했던 겁니다. 하지만 선어록을 보아야 화두 드는 이유도 명확히 알 수 있습니다. 선교禪教 모두 부처님 마음으로 향하는 로드맵이라는 사실을 잊어서는 안 됩니다."

설우 스님은 조사선祖師禪과 간화선看話禪의 진면목이 어디에 있는지도 잘 알아야 한다고 일렀다.

"어떤 스님이 운문문언雲門文偃(864~949)선사에게 여쭈었습니다. '부처와 조사도 초월한 것이 무엇입니까?' 이에 운문선사는 '동산東山이 물 위를 걸어간다'라고 답했습니다. 운문선사는 부처의 세계를 바로 보여주었습니다. 여기서 끝나는 겁니다. 이게 조사선입니다. 이 단계에서 깨닫지 못하고 '왜 동산이 물 위를 걸어간다 했을까?' 하는 의심을 가져 수행에 임하면 간화선입니다. 여기서 중요한 건 선지식들이 모두 부처님 세계를 보여줬다는 겁니다. 분별망상이 떨어진 자리, 양극단을 여읜 그 자리가 바로 부처님 세계입니다."

번뇌망상은 어떻게 다스려야 할까.

"번뇌가 일어나도 거기에 집착하지 않는 게 중요합니다. 모든 번뇌는 업식에서 오는 것입니다. 밤길에 놓인 새끼줄 보고 뱀이라 놀란 적 있지 않습니까? 그 새끼줄이 언제 단 한 번이라도 뱀인 적이 있습니까? 거울에 비친 자기 자신을 보고 놀라지 않듯이, 형상이 지나간 거울에서 자신의 모습이 없어졌다 해도 불안해하지 않습니다.

거울에 비친 자신의 모습은 실상이 아니요, 실체가 아니라는 사실을 명확히 알고 있기 때문입니다. 연기법을 알면 세상의 실상을 바로 보고 실체가 없는 줄 알게 됩니다. 연생연멸緣生緣滅 찰나생멸刹那生滅의 변화 즉 무상無常한 가운데에 자기 본래의 청정한 불성을 바로 보아야 합니다."

무명을 걷어낸다는 것, 그건 무명이 어디서 어떻게 온 것인지 아는 것부터 시작된다. 다만 바르게 알아야 한다. 어쩌면 수행은 그 다음인지도 모른다. 제방선원에서 30여 년을 정진해온 설우 스님의 일갈이 지금도 귓전을 울린다.

"정견의 핵심은 '나도 불성이 있다'는 것이고, 신심의 핵심은 '나도 본래 부처'라는 확신을 갖는 것입니다. 법을 바르게 보는 안목에서 지혜로운 눈이 열립니다!"

닭인지 독수리인지 모르겠다면 청도 대감사로 향해보라! 확연하게 트일 것이다.

𝔻

여산혜거如山慧炬 스님

1959년 영은사에서 탄허 스님을 은사로 득도했다. 강원도 월정사에서 범룡 스님을 계사로 사미계를 받은 후 탄허 스님 회상에서 대교과를 마치고, 다시 범룡 스님으로부터 구족계를 수지했다. 현재 금강선원장으로서 일반인들을 대상으로 선교를 함께 지도하고 있으며, 저서로는 《화엄경소론찬요》(4권) 《하루 15분 참선》 《가시가 꽃이 되다》 《명상으로 10대의 뇌를 깨워라》 《금강경야부송강설》 《참나》 《금강경강의》 등 다수가 있다.

풍랑 잠재우면 물속 보물 건지리라

불교는 깨달음의 종교다. 여기서 원론적 질문 하나. 어떻게 해야 깨달을 수 있는가? 막연하고도 추상적인 이 질문이 때로는 불교를 좀 더 깊이 이해할 수 있는 단초와 함께 어떤 신행信行을 영위할지를 결정케 하는 실마리를 제공한다. 마치 '인생이란 무엇인가'라는 원론에서 출발한 사유가 삶의 설계도를 그려내는 것처럼 말이다. 언젠가 작은 책자로 보급되는《법공양》에 혜거慧炬 스님의 법설이 실린 바 있다.

마음이 있지만 행하지 못하면
마음이 없는 것과 같고

마음이 있고 행도 있으면
모든 부처님과 같다
有心不行同無心 有心卽行同諸佛

마음은 있고 행이 없으면 마음먹지 않은 무지한 이와 다를
바 없으며, 마음이 있고 실천행도 뒤따르면 부처님과 다르지
않다는 뜻이다. 당부의 말씀이 이어졌다.

'매일 경전 하나를 선택해 독송하시기를 권합니다. 하루에
한 번은 반드시 선행을 베푸십시오. 그리고 자기를 반조返照
하십시오. 이 세 가지를 머릿속에 딱 지니고 살면, 억겁을 거
쳐 쌓인 업이라 해도 얼음 녹듯이 없어지고, 어떠한 길을 걸어
가든 장애가 생기지 않을 것입니다.'

혜거 스님은 열여섯 되던 해에 외삼촌인 불교학자 김지견金
知見(1931~2001) 박사의 추천으로 탄허呑虛(1913~1983) 스님 문하
로 출가했다. 어려서부터 서당 공부를 했던 혜거 스님은 탄허
스님 회상에서 3년 결사를 마치면서 스승의 역경사업을 도울
정도로 일취월장한 능력을 보였다.

탄허 스님이 입적하자 혜거 스님은 1988년 서울 개포동에
금강선원金剛禪院을 개설하고는 일반인들에게 불교 경전과 참
선을 지도하기 시작했다. 금강선원에서는 참선뿐 아니라 경전
공부도 병행하는데 교재가 한문 원전이다. 그래서인지 이곳

출신 불자들 중 웬만한 고사성어와 5,000자 정도의 한문을 읽는 수준의 1급 합격자만도 수없이 많다.

혜거 스님은 2008년에 《가시가 꽃이 되다》를 선보였는데 부제가 '혜거 스님과 함께하는 마음공부'다. 그래서 누구나 알고 있지만 정의하기 어려운 원론 하나를 여쭈었다. '마음'은 무엇이고 '공부'는 어떻게 하는 것입니까?

"마음이란 무엇이냐? 마음이 불심의 뿌리인 것만은 분명합니다. 이 세상에 출현했던 조사들이 스스로에게 던졌던 물음이지만 쉽게 잡히지 않는 그 무엇입니다. 현대 의학·과학자들 또한 그 실체를 규명하려 하지만 녹록하지 않지요. 손에 잡히지도, 화폭에 그려지지도 않는 마음인데, 그 마음을 공부하라 하니 난감할 수밖에요.

하지만 그 누구라도 갖고 있는 게 마음입니다. 마음 따로 공부 따로 이해하려 하지 말고 하나로 묶어서 통찰해보는 게 좋습니다. 마음을 닦아 불성을 바로 보아 깨치라고 하지요? 이렇게 비유해봅니다.

마음을 연못의 물이라 하고, 불성을 보물이라고 가정합시다. 연못에 돌을 던지거나 세찬 비바람이 불어 흙탕물이 들어차면 혼탁해져 그 바닥이 보이지 않습니다. 연못 속에 어떤 보물이 있는지조차 가늠할 수 없습니다. 그러나 연못이 잔잔할 때는 바닥까지 훤하게 보일 것이고, 연못 바닥에 있는 보물은 언제든지 건져 올릴 수 있겠지요. 마음은 물과 같아서 본래부터 청정합니다. 따라서 닦을 게 없습니다. 큰 파문으로 흐려지지 않도록 유지하는 것이 공부이고 수행입니다. 깨달음은 그다음에 다가옵니다."

공부란 마음을 바로 보고 그 속에 있는 불성을 건져 자신의 것으로 만들어가는 것이라는 뜻이다. 그러려면 호수를 잔잔하게 해야 한다. 우리의 청정한 마음이 흐려진 원인, 즉 잔잔한 호수에 던져진 돌이나 세차게 들어찬 비바람과 흙탕물은 바로 탐진치 삼독三毒이다.

삼독을 끊어라! 불자에게는 상식으로 통하는 말이지만 실상을 들여다보면 그 삼독을 더 공고히 해가며 끌어다 쓰고 있다. 다시 말해 원인을 알면서도 버리거나 내려놓는 실천을 하지 않기에 어리석음의 굴레를 벗어나지 못하고 괴로움에 허덕인다. 참선의 중요성이 여기에 있을 것이다.

"수행이란 시視, 청聽, 미味, 후嗅, 촉觸의 오감五感을 잠재우는 것입니다. 화를 내면 안 된다고 하지만 어떤 경계가 오면 바로 흔들리고 맙니다. 북새통의 도심 한복판을 걷다가 지나가던 사람이 툭 치기만 해도 '기분 나쁘다'며 화를 내고, 말싸움 끝에 폭력을 씁니다. 눈, 귀, 입, 코, 몸이 한시도 가만있지를 않거든요. 반연絆緣에도 요동치지 않는 무심無心의 상태가 될 정도까지 매진해야 합니다."

금강선원은 오감을 일으키는 오관五官(다섯 개의 감각기관)을 조정하는 특별한 방편을 쓰고 있다. 일례로 하루는 눈만 열어 놓고 입·귀·코는 닫고, 어떤 날은 귀만 열어놓고 나머지 모두를 닫아버린다. 간화선 수행법이 탁월하다는 점을 누구보다 명확히 알고 있는 스님이 이런 방법을 쓴다니 조금 의아했다.

　혜거 스님은 속리산 복천암福泉庵에서 새벽부터 하루 여덟 시간 기도수행을 했던 체험을 들려줬다. 기도만 하는 것도 아니고, 기도하다가 너무 힘들면 향도 피우고 절도 올리며 정근도 하는데 그 시간이 길게만 느껴졌다. 그러던 어느 날 '힘만 드는 이 기도 접을까?' 하다가 딱 한 번만 죽을 각오로 해보자는 원력을 세우고는 여덟 시간 동안 꼼짝도 안 하고 서서 정근했다. 당시의 수행 경험을 이렇게 술회했다.

　"앉아서 참선할 때의 고통은 비교가 안 되었습니다. 마치 빈 깡통을 쫙 쭈그러뜨려 던져지는 느낌, 내 몸이 완전히 쪼그라들어 법당 앞마당으로 던져지는 것처럼 고통스러웠지요. 다시는 하고 싶지 않았는데, 다음 날 새벽 법당에 오르니 또 한 번 해보자는 원력이 생기는 겁니다. 묘한 일이지요!"

　그러기를 며칠. 여느 날과 다름없이 이른 아침 법당에 올라 정진에 들어갔다. 얼마 후 법당 문이 열렸다. 부처님께 올릴 공양물이 들어왔다. 이럴 수가! 사시마지巳時摩指(오전 11시에 부처님께 올리는 공양)였다. 단 몇 분 지난 듯 싶은데 몇 시간이나 지났다니 놀라웠다. 정진에 대한 자신감을 가진 건 이때였다. 누구나 기도든 참선이든 경전 독송이든 한 번쯤 죽을 각오로 집중해 큰 고비를 넘길 필요가 있다고 강조한다.

"화두는 마지막에 들어야 한다고 봅니다. 궁극에서 보면 수행단계가 없다고 할 수 있지만 근기에 맞춰보면 단계도 분명 존재하므로 집중 훈련부터 해야 합니다. 어느 정도 수준이 되면 기도도 염불도 참선도 할 수 있지요. 그러고 나면 자기 인생에서 불거지는 의문을 사유하게 되는데 결국엔 1,700공안으로 귀착됩니다. 화두는 더 이상 사유할 게 없을 때, 더 이상 오고감도 없을 때 들어야 합니다."

처음 할 때는 오로지 눈 끝에 모든 것을 모으지만 그렇다고 집중 훈련에만 그치지 않는다. 모기가 무쇠소를 뚫을 정도로 하다보면 잠깐이나마 삼매도 경험할 수 있고, 이런 득력得力을 더욱 발휘하여 사념망상邪念妄想으로 선악시비를 판단하려는 사량분별思量分別도 끊어지는 단계에 이를 것이다.

《원각경圓覺經》에 '눈 가는 데 마음을 두라(心存目想)'고 했다. 처음엔 단순한 눈의 집중이지만 단계를 밟다보면 어느새 심안心眼이 열리게 된다는 사실을 혜거 스님은 확신하고 있다.

"눈에도 다섯 가지 세상을 보는 오안五眼이 있습니다. 진리의 눈으로 보는 진관법眞觀法, 깨끗한 눈으로 보는 청정관법淸淨觀法, 지혜로운 눈으로 보는 지혜관법智慧觀法, 눈으로 본 것

이 자신에게 아무런 영향을 미치지 않는 경지의 비관법非觀法,
마지막으로 자비로운 눈으로 세상을 바라보는 자관법慈觀法이
있습니다. 오안을 가진 사람이 많을수록 세상은 평화로울 것
입니다."

그러고 보면 혜거 스님은 선정과 지혜를 함께 닦는 지관수
행법止觀修行法을 명철하게 꿰뚫고 사람들의 근기에 맞게 체계
를 잡아 지도하고 있음을 알 수 있다.

"지止 수행은 멈춰서 모든 번뇌를 그치게 하는 겁니다. 밖으
로는 모든 관계로부터 자유롭고, 안으로는 헐떡거림이 없어야
합니다(外息諸緣 內心無喘). 또한 밖으로는 부귀영화나 희로애락
에 끌리지 않아야 하고, 안으로는 온갖 번뇌를 멈출 줄 알아
야 합니다. 관觀 수행은 자신의 본래 마음을 관찰하고 사물의
본성을 꿰뚫어 보는 겁니다. 매사를 바르게 보는 노력을 하세
요. 여기에 이르면 평화와 행복을 마음껏 누릴 수 있습니다."

혜거 스님은 어떤 수행법으로 시작했든 궁극에는 화두를
들어보라고 권한다. 삶과 죽음의 선상에서 나오는 모든 의문
은 결국 화두로 통하기 때문이다. 그러나 스님은 여기서 한발
더 나아가야 한다고 한다.

"선은 행동으로 옮길 때 살아 숨 쉽니다. 아는 것만으로는
절대 안 됩니다. 그러니 일상에서도 작은 것 하나부터 실천에
옮기려는 노력과 습관을 가져야 합니다."

혜거 스님이 1일 1경전 수지독송, 1일 1선행, 1일 1반조 등의 실천을 제안하는 이유를 알겠다. 지난 40여 년 동안 붓글씨를 써왔던 스님은 지금도 먹을 갈고 있다. 얼마 전 열 폭 병풍에 《금강경》 전문을 새겨보자는 원력을 냈는데 벌써 80벌을 쓰고도 한참 멀었다며 연습 중이다. 글씨가 마음에 안 들어서라 기보다는 서예를 통해 마음 한 자락 쉬어보려는 것일지도 모를 것 같아 어쭙잖게 한마디 건넸다.

"모든 인연을 놓았으니 만 가지 일도 쉬어야 하지 않습니까 (乃放捨諸緣 休息萬事)?"

그러자 스님의 일갈이 내려졌다.

"깨닫지 않으면 한 덩이 흙보다 못한 거지요! 깨닫고자 하거든 반드시 배우고 닦아야 합니다."

혜거 스님은 송나라 진종眞宗의 《권학문勸學文》을 들어 보였다. 진종은 책을 통한 공부의 중요성을 이렇게 전했다.

부유해지려 좋은 밭 살 필요 없네
글 속에 절로 많은 곡식이 있는 것을
편안하게 살려 높은 집 세울 것 없네
글 속에 절로 황금으로 꾸민 저택이 있나니
나들이에 뒤따르는 종이 없음을 한탄 마라
글 속에 수레와 말이 총총히 있는 것을

아내 구해줄 좋은 매파 없음을 한탄 마라
글 속에 옥같이 고운 얼굴이 있는 것을
대장부가 평생의 뜻을 이루고자 한다면
창 앞에 앉아 부지런히 육경을 읽어라
富家不用買良田 書中自有千鍾粟
安居不用架高堂 書中自有黃金屋
出門莫恨無人隨 書中車馬多如簇
娶妻莫恨無良媒 書中自有顏如玉
男兒欲遂平生志 六經勤向窓前讀

혜거 스님은 수행 공부에 있어 스승의 중요성을 역설했다.
"수행을 잘하고 싶다면 수승한 스승의 일대기를 공부해야
지요. 그의 일대기 속에 분명 자기와 닿는 것이 있을 것이고
그에 따라 자신도 그대로 하면 되는 겁니다. 공부하지 않으면
아무것도 이룰 수 없습니다."
중국 유학까지 다녀왔던 스님이지만 지금도 새벽에는 어김
없이 중국어 공부에 매진하고 있다. 혜거 스님이 말하는 공부
란 무엇인지 조금은 알 것 같았다.
"매일 반조하세요. 나도 처음엔 그게 쉬울 줄 알았는데 아
니거든!"
정확히 꿰뚫었다. 1년에 몇 번이나 내 자신을 들여다보고 있는

가! 남의 속은 그렇게 잘 보려 하면서도 말이다. 하늘도 경책
하려는지 천둥을 치고 비를 내린다.

용타龍陀 스님

1942년 전남 강진에서 태어나 1964년 청화 스님을 은사로 출가
했다. 1966년 전남대 철학과를 졸업한 후 1971년 동대학 철학과
석사과정을 수료했다. 1966년부터 1974년까지 고등학교에서 독
일어 교사로 재직한 바 있는 스님은 1974년부터 1983년까지 전
국 제방선원에서 20안거를 결제수선했다. 1980년부터 '동사섭'
수행 프로그램을 창안, 대중에게 부처님 법음과 함께 진정한 행
복의 길을 열어주고 있다. 미국 삼보사 회주, 김제 귀신사 회주,
성륜문화재단 이사장, 재단법인 행복마을 이사장 등을 역임했
다. 석사 논문으로 〈불교의 선에 관한 연구〉가 있으며 저서로는
《마음 알기 다루기 나누기》《해탈 10분》《공(空), 공을 이해하는
27가지의 길》《복노트》등이 있다. 현재 함양 행복마을에 주석
하고 있다.

꽃은 한 송이로되 뜰에 향기 가득하네

대학진로를 고민하던 청년은 고등학교 은사를 만났다.

"어느 학과를 지망해야 할지 고민하고 있습니다."

철학을 전공한 은사의 답변은 간단명료했다.

"거지될 각오만 있다면 철학이 좋지!"

어려서부터 죽음에 대한 불안을 떨치지 못하고 살던 그에게 '죽음과 철학, 그리고 거지 철학자'는 낭만적으로 다가왔다.

"그래, 철학이다!"

전남대학교 철학과에 진학했다. 철학과에서 자신의 의식변화에 중대한 영향을 끼친 두 동기를 만난다. 윤재태와 김웅이다. 대학 2학년 시절이다. 윤재태가 《반야심경》을 독송하고 있었다. 음악 이상으로 아름답게 느껴졌다.

'나도 저렇게 아름답게 독송해보리라!'

그에게 《반야심경》을 써달라고 청했다. 《반야심경》 260자 중 색즉시공色卽是空에 마음이 꽂혔다. 철학적 사유의 최초 주제가 되었고, 2개월여 만에 색즉시공의 뜻을 해결했다. 철학적 사유의 첫 작품인 셈이다. '우주가 증발하는 것 같았다. 나를 감싸고 있던 어떤 투명 보자기가 순식간에 걷혀버린 것 같았다'고 그때의 감회를 술회했다.

또 친구 김웅은 청화淸華(1923~2003) 스님 문하에서 사미를 지내다 온 친구였다. 그 친구는 틈만 나면 '청화 스님 예찬'에 열을 올렸는데 당시 청년은 '청화 스님은 이 세상 사람이 아닌 줄 알았다'고 한다. 놀랍게도 청화 스님이 제자 김웅을 찾아왔다. 김웅과 함께 자취생활을 하던 청년은 상상 속에만 그리던 청화 스님을 그때 처음으로 친견할 수 있었다. 깊은 사유를 통해 얻은 결과물, '색즉시공'에 대한 견해를 말씀드렸다.

"그것은 증오證悟가 아니고, 해오解悟입니다!"

증오와 해오에 담긴 깊은 뜻을 헤아릴 수는 없었지만 자신의 견해가 '그리 대단한 것이 아니다'라는 짐작은 할 수 있었다. 낙심하는 마음이 일었지만 오히려 오랫동안 들떠 있던 의식이 점차 가라앉으며 안정을 얻는 듯했다. 짧은 침묵이 흐른 뒤 청화 스님의 한마디가 청년의 심금을 울렸다.

"그러나, 우리 한국불교에서 색즉공色卽空을 그 정도로 요해了解한 사람이 얼마나 있을지 모르겠습니다."

며칠 후 청년은 청화 스님을 다시 뵈었다.

"사람이 정신을 집중하여 마음을 고요히 해가면 명득정明得定-명증정明增定-인순정印順定-무간정無間定-초선初禪-이선二禪-삼선三禪-사선四禪-공처정空處定-식처정識處定-무소유처정無所有處定-비상비비상처정非想非非想處定을 거쳐 멸진정滅盡定에 이릅니다. 이 경지에 들어가면 천안통天眼通이 열려 천리만리 것을 다 볼 수 있고, 천이통天耳通이 열려 천리만리 소리를 다 들을 수 있고, 숙명통宿命通이 열려 과거 전생前生 전전생前前生을 다 기억할 수 있으며, 타심통他心通이 열려 다른 사람의 마음을 다 볼 수 있고, 신족통神足通이 열려 몸이 벽을 통해 그냥 나갈 수 있고 공중을 새처럼 날아다닐 수 있으며, 이윽고 누진통漏盡通이 열려 탐진치 번뇌를 다 녹여 해탈합니다."

그 짧은 법문은 청년의 마음을 송두리째 흔들어 놓았다. 전율적 환희를 느낀 건 그때가 처음이었다.

'그렇다. 이것은 나의 길이다. 사람으로 태어났다면 그 정도의 길은 걸어야지! 그래 그것은 내 길이다. 가자, 이 길로!'

대학 3학년 때 광주 추광사秋光寺로 발걸음하여 삭발위승削髮爲僧(머리카락을 깎고 스님이 됨)하고 법명 용타龍陀를 받았다. 용타 스님과 청화 스님의 만남은 줄탁동시啐啄同時와 같은 절묘

한 인연이 아닐 수 없다.

　업장이 두터웠던 것일까, 시절인연이 안 닿았던 것일까! 용타 스님은 대학을 졸업하고 독일어 교사로 10여 년 동안 교편을 잡았다. 교단에 서면서도 대학원에 진학해 '선불교에 관한 연구'로 석사학위를 취득했다. 세간의 공부를 마친 용타 스님은 1974년 재입산해 정식 출가의 길을 걸으며 참선 정진에 들어갔다. 제방선원에서 20안거를 성만했다.

　1980년부터 '동사섭수련회' 프로그램으로 후학들을 가르치기 시작했다. 2007년 경남 함양에 건립한 '재단법인 동사섭 행복마을'은 2012년에는 서울센터도 개설했다. 5박 6일간의 동사섭수련회만도 300여 회가 넘었다.

　행복마을의 동사섭수련회에 참여한 대중을 보면 일반불자와 스님도 많지만 개신교 목사와 원불교 교무, 교수, 교사, 한의사, 화가, 시인, 기업인 등 다양한 부류의 사람들이 눈에 띈다. '선 수행'이라는 용어 대신 '명상'이라는 용어를 택한 것에 따른 부수효과도 있겠지만 그 속에 담긴 사상과 프로그램이 튼실하지 않았다면 40년의 동사섭수련회는 존재할 수 없었다. 동사섭수련회의 지향점은 우리 모두의 지고한 행복이다. 동사섭同事攝과 행복은 어떤 연관성을 가질까?

　동사섭은 보살이 중생을 교화해 불도에 들게 하는 네 가지 실천행 즉 보시섭布施攝, 애어섭愛語攝, 이행섭利行攝, 동사섭同事

攝 등의 사섭법四攝法 중 하나이다. 보시섭은 진리와 재물을 베풀어주는 일이고, 애어섭은 항상 따뜻한 얼굴로 부드럽게 말을 하는 일이다. 이행섭은 몸(身)·말(口)·마음(意)으로 선행을 하여 중생들에게 이익을 주는 일이고, 동사섭은 동체대비심을 내어 중생들과 어울려 살며 그들을 깨달음으로 인도하는 일이다. 동사섭수련회의 '동사섭'은 사섭법의 하나일 뿐만 아니라 사섭을 모두 아우르는 개념이기도 하다.

동사섭수련회는 우리 모두의 행복을 위한 가치관으로 삶의 5대 원리를 제시하고 있다. 오요五要라고도 한다. 바람직한 자아관을 정립하는 정체正體의 원리, 모든 존재들의 행복과 해탈을 기원하는 대원大願의 원리, 마음의 평화로움을 관리하는 수심修心의 원리, 이웃과 좋은 관계를 맺는 화합和合의 원리, 그리고 세상을 위한 착한 역할을 하는 작선作善의 원리다. 동사섭수련회는 이 5대 원리를 토대로 하고, 각 원리에 상응하는 구체적인 이론과 실천 체계로 되어 있다.

3만여 명이 동사섭 수련을 거쳐 가면서 삶의 차원이 고양되었다. 신혼여행을 동사섭수행으로 대체한 사람들이 있는가 하면, 이혼 직전의 내외가 수련 중 "우리가 왜 이혼을 하려 했지?" 자문하며 화합의 포옹을 한 적도 있다. 30년을 원수처럼 외면하고 살던 형제가 서로 삼배를 하며 형제애를 찾기도 하고, 폭군으로 군림하던 아버지가 수련 후 삶의 태도가 바뀌면서 가정에 화목이 깃들었다.

용타 스님이 말하는 '자아관을 정립하는 정체의 원리'는 무엇이고 어디에 근거하는지가 궁금했다.

"자아관 확립을 위해서는 '나란 무엇인가?'라는 물음을 스스로에게 던져야 합니다. 그에 대한 궁극의 답은 아니더라도 지금 이 순간 품을 수 있는 답 하나를 수지해야 합니다. 저는 사람들에게 일단 부정 자아관이 아닌 긍정 자아관을 권장합니다. '모든 중생은 불성이 있다'는 부처님 가르침 속에 불교인이 지녀야 할 자아관이 어떠해야 하는가가 잘 드러나 있습니다. 바로 대긍정 자아관입니다. '나는 못하는 사람이다'가 아니라 '할 수 있는 사람'이라 여기고, 단점이 많은 사람이라 생각하기보다 장점이 많은 사람이라고 생각하자는 것이지요. 인생이란 안으로는 무엇인가를 생각하고 밖으로는 무엇인가를 말하고 행동하는 과정입니다. 그 생각이나 말이나 행동이 대부분 긍정적이라면 좋겠지만 그렇지 않은 경우가 다반사입니다. 부정적 생각, 말, 행동이 반복되면 습관화되고 나아가 성격이 되어 그 사람의 인생과 운명을 나락의 길로 이끌어 갑니다. 부정관에서 긍정관으로 바꾸는 일은 일대사인연一大事因緣입니다. 여기에서 한발 더 나아가 '이미 부처'라고, 활불活佛이라고 선언하는 겁니다."

그러한 긍정 자아관을 어떻게 확립해 나갈 것인가.

"연기, 무아에 기반한 무아관부터 시작합니다."

용타 스님은 무아관을 논파함에 있어 '즉비卽非'를 꺼내 들었다. 《금강경》에 '즉비'는 스무 번 이상이나 나온다고 한다. 경전에서 특정 단어가 유독 자주 사용됐다면 그 속에 농축된 개념이 그만큼 중요하다는 뜻일 터다.

"즉비는 공空과 같은 개념입니다. 좀 더 쉽게 말하면 뒤따르는 말을 부정否定·지양止揚하는 구조를 갖고 있습니다. 어떤 개념이든 명제를 세운 찰나지간에 즉시 부정·지양시킴으로써 어떤 대상에도 걸리지 않고 초월하도록 돕습니다. 이 구조를 이해해야 《금강경》을 명확히 읽어낼 수 있습니다.

사실 알고 보면 유형이든 무형이든, 유정이든 무정이든 세상에 존재하는 모든 것은 연기緣起하는 것이어서 무아요, 공이요, 즉비입니다. 천하의 모든 것이 다 부정·지양되어야 하겠지만, 첫 번째로 꼽아야 할 건 '나'라고 믿는 '자아'입니다. 천하의 모든 고통과 모든 싸움, 모든 재앙은 이기심에서 옵니다. 그런데 이 이기심의 뿌리는 '나'라고 하는 자아의식에서 비롯됩니다. 그러니 자아의식을 넘어서는 일이야말로 수행자의 궁극적인 구현 목표라 해도 지나치지 않습니다."

실제로 용타 스님은 공空을 이해하는 여러 가지 길을 체계화해 《공空, 공을 이해하는 27가지의 길》이라는 저서를 내고 그것을 동사섭수련회 고급과정의 교재로도 활용하고 있다(최근에는 이 공리가 40여 개로 늘어났다). 불교의 공사상을 이해하는 데 좋은 길잡이가 되어 주는 역저다. 그 중에는 연기고공緣起故空에서부터 방하고공放下故空, 무한고공無限故空, 무상고공無常故空, 성주괴공成住壞空, 생멸고공生滅故空, 불가득공不可得空 등의 공리空理가 있다. 수련생들은 용타 스님이 안내하는 다양한 공관空觀을 사유·이해하면서 무아의 해탈감을 경험하게 된다.

긍정적인 자아관에서 출발한 수련생들은 연기무아緣起無我를 이해하면서 무아관에 입각한 초월적 자아관을 확립한다. 이후 묘유적 자아관은 저절로 따라온다고 한다. 그렇다면 용타 스님이 말하는 묘유妙有란 무엇인가.

"묘유라 해서 별도로 있는 게 아닙니다. 무아를 제대로 보았다면 있고 없고 하는 분별에 빠지지 않고 바로 초월합니다. 초월한 순간 묘유는 스스로 자연스럽게 드러나는 것입니다. 다만 초월하라고만 하고 아무 말이 없으면 다시 허무에 빠질 공산이 크기에 묘유라는 말로 마무리 하는 겁니다. '응무소주應無所住 이생기심而生其心'을 보세요. '응무소주'가 목적이 아닙니다. '응무소주'는 '이생기심'의 조건입니다. 집착하지 않으니(應無所住) 탁 트인 마음이 생겨 자유로운 삶(而生其心)을 사는 것이지요. 즉 마음이 일체의 경계에 걸리는 바가 없다면 저절로 자유로운 삶을 영위합니다. 이러한 삶이 묘유의 삶입니다."

용타 스님만이 갖고 있던 '즉비'는 기차의 시동을 거는 열쇠다. 그 열쇠라면 굳게 닫힌 무문관도 열 수 있을 것만 같다.

염불선을 주창했던 청화 스님은 생전에 '부처 아님이 없다', '무한 우주가 한 진리요 한 부처요 한 생명이다', '불설여사不說如事(마음공부에 도움이 되는 말이 아닐 경우에는 차라리 침묵하라)' 등의 메시지를 전했다. 스승의 가르침을 동사섭 수련프로그램에 온전히 녹여낸 용타 스님이다.

용타 스님의 108좌우명도 유명하다. '99% 공감할 일밖에 없다. 평가하려면 1%만, 그것도 묘妙를 얻어서 하라'는 좌우명은 인상 깊다. 함부로 사람을 평가하지 말라는 뜻이다. 그리고 그 행간을 들여다보면 부모가 어린 아이를 보면 말하기 전에 우선 품어 안아주듯, 가능하면 이 세상 사람들도 분별심에 이끌려 좋고 나쁨을 따지기 전에 상대방을 공감하고 품으라는 뜻이 배어 있다. '꽃은 한 송이로되 향기는 뜰에 가득 차고, 말한마디 없으나 덕화가 천리에 미치네!'는 용타 스님이 추구하는 인품의 지향점을 엿볼 수 있는 명언이다.

스님이 이끌고 있는 영성촌에서 피어오른 향기가 세상을 맑혀가고 있다. 용타 스님은 지금도 용타문龍陀門을 두드린 사람에게 일갈하고 있다.

"당신은 그대로 부처입니다. 지금 바로 부처로 임재하십시오!"

만인휘정萬仁彙靜 스님

1982년 마곡사에서 출가한 후 1984년 해인사에서 득도했다. 현재 아산 봉수사에 주석하고 있다.

지금, 싹 틔워라

충남 아산의 봉수산鳳首山은 정상이 534미터밖에 안 되지만 한 마리 봉황이 살아 꿈틀거리는 듯 기세가 등등하다. 만공滿空(1871~1946) 스님이 주석하며 깨달음을 얻었다는 봉곡사鳳谷寺가 북쪽, 봉황의 왼쪽 날개에 자리하고 있다. 남쪽의 천방산 능선은 오른쪽 날개에 해당되며 갈막고개가 꼬리다. 남북으로 날개를 활짝 펴고 광덕사廣德寺가 자리한 동쪽 광덕산을 향해 힘차게 날아가는 형상의 이 산은 한눈에 보아도 영산靈山이다.

봉황의 머리 아래 기슭 봉수사鳳首寺에 휘정彙靜 스님이 주석하고 있다. 봉수사 창건에 관한 일화 한 토막이 있다.

한 불자가 백양사 어느 스님에게 시주하려고 돈 2천만 원을 준비해 놓았다. 언제든 친견하면 직접 드릴 요량이었는데 인연이 닿았다 싶으면 꿈속에 휘정 스님이 나타나 머뭇거리게 했다. 한두 번도 아니고 몇 차례 같은 꿈이 반복되자 그 불자는 "아무래도 이 돈은 휘정 스님에게 가야할 시주인 듯하다"며 선뜻 휘정 스님에게 드렸다. '간장 한 방울은 시주자의 피 한 방울'임을 새기고 살았던 휘정 스님은 고민 끝에 절을 조성하기로 했다.

1993년에 대지를 사고 남은 돈으로 조립식 건물을 올렸다. 창건 원력을 세웠다 해서 조바심을 내지는 않았다. 이전부터 그래왔듯, 무자無字 화두를 들 뿐이었다. 오랜 시간이 흐른 지금, 대웅전과 삼성각, 작은 요사채 두 동, 남선당南禪堂이 자리하며 사격을 갖췄다.

휘정 스님과의 인연은 대만 순롓길에서 맺어졌다. 초면에 많은 대화를 나눌 수는 없었지만 한눈에 보아도 '비구'요 '수좌'였다. 말씨 하나, 걸음 하나, 옷매무새 하나도 예사로워 보이지 않았다. 중국 남북조시대 도안법사道安法師의 가르침을 올곧이 실천하고 있음을 직감했다.

'그대가 이미 출가했으니 자기 자신에게 너그러워서는 안 된다. 몸매는 비록 거칠고 촌스러우나 행위는 볼만하게 해야 하며, 의복은 비록 누추하나 행동거지는 단정해야 한다. 이름조차 험한 샘물은 마시지 말아야 한다.'

언젠가 꼭 친견하겠다는 원력을 세웠는데, '거품이 거품을 쫓아가서는 거품만 키울 뿐이지 실상은 아무것도 얻을 수 없다'는 법문 한 토막에 꽂혀 곧장 달려갔다.

'거품은 물을 볼 때 생명을 초월할 수 있다'는 의미가 무엇인지를 여쭈었다. 이에 휘정 스님은 창 밖에 핀 꽃 한 송이를 가리켰다. 한 물건(一物)을 말하는 것일까?

"생명의 꽃 한 송이가 있습니다. 아름답지요. 그러나 그 꽃도 갑작스런 비바람에 떨어져 썩고 맙니다. 그 자리에 또 다시 싹이 트고 꽃이 피고 떨어지기를 영겁의 세월 동안 반복해 왔습니다. 어디서 와서 어디로 가는지 아무도 모릅니다. 올 때는 기뻐했지만 갈 때는 괴롭고 두렵습니다."

꽃 한 송이와 거품 사이를 관통하는 맥이 짚어지지 않는다. 휘정 스님은 제망찰해帝網刹海를 꺼내 들었다.

"제석천에 있다는 보배그물 제망帝網, 인드라 망을 떠올려 보세요. 그물코에 달린 보배 구슬은 다른 전체의 구슬을 비추고, 그 전체의 구슬도 각각 전체를 비추고 있습니다. 서로서로를 비추니 상즉상입相卽相入의 형태를 이루고 있지요.

찰해刹海란 유정무정 일체 존재와 국토가 바다처럼 무량하게 펼쳐져 있는 것을 말합니다. 서로를 비추고 담는 모습이 중중무진으로 펼쳐져 있으니 화엄세계華嚴世界요 화장세계華藏世界입니다. 꽃 한 송이, 나무 한 그루, 물 한 방울도 온 우주와

서로 연결되어 있습니다. 여기서 분명한 사실은 이 세계도 고정되어 있지 않다는 겁니다."

세상 만물도 저 꽃 한 송이처럼 연기법에 따라 변하고 있음을 상기시켜 주고 있다. 우리 삶도 이 법칙에서 만큼은 예외가 아니다. 생명의 실상이 '제망찰해' 한 단어 속에 농축돼 있음을 말하고 있음이라.

'거품이 거품을 쫓아간다는 것'은 이러한 연기 도리를 모르고 집착해 살아가는 우리들 모습이다. 색안경을 끼고 세상을 보는 것과 같다. 이런 식이면, 거품은 거품만 볼 뿐, 물은 보지 못한다. 따지고 보면 거품도 물이었다는 간단한 이치도 알 길이 없다. 휘정 스님이 전한 도리 하나만 명심해도 평화와 상생의 길로 들어서는 데는 그리 어렵지 않을 것이다. 그러나 휘정 스님은 한발 더 나아가라 한다. 생사를 초월한 생명의 실상에 접근해보라고 권한다.

"꽃 한 송이를 보아도 대부분의 사람들은 꽃잎만 보려 합니다. 그리고는 예쁘다 아름답다 향기롭다 하지요. 그러나 그 생명이 빚어낸 열매나 꽃 이전의 새싹에는 눈길을 주지 않습니다. 단견에 머물러 있기 때문입니다. 꽃잎도, 열매도, 새싹도, 그 뿌리도 생명의 한 모습으로 연장선상에 있을 뿐입니다."

뿌리와 새싹, 꽃잎과 열매 속에 무상이 있다. 꽃잎은 지지만 씨를 남기고, 그 씨는 새롭게 싹을 틔우지 않는가. 무상함 그 자체가 아름다움이요 위대함이다. 그러니 꽃이 피었다 해서 큰 기쁨이 아니요, 꽃이 진다고 큰 슬픔도 아니다. 연기실상을 보려면 마음을 닦아야 할 터. 마음 안에서 무엇을 찾아야 하는지 묻자 휘정 스님은 게송으로 답했다.

마음에 안과 밖이 없으니
구름 흩어지면 봄 산이 밝다
心是無內外 雲散春山明

'마음에 안과 밖이 없음'을 어떻게 해야 알 수 있는지 다시 여쭈었다. 스님은 "화두를 통해 삼매에 들어보라" 한다. 삼매에 들었을 때 어떠하냐 여쭈니 정진에 힘이 한창 붙었을 때 지은 선시를 내어 보였다.

백척간두에서 진일보 하니
삼매가 천지를 삼켜버렸다
삶도 죽음도 중생도 없으니
산색 물소리 나와 평등하구나
百尺竿頭進一步 一段三昧吞天地
無生無死無衆生 山色水聲與我等

옛 선지식은 '삼매를 체험하면 소식이 멀지 않았다'고 했다. 휘정 스님은 "분명코 헛된 말이 아니다. 목숨을 던져 무가보無價寶를 구한 자 그에게 하늘과 땅을 주리라"고 일갈했다. 여기에 일말의 '거짓'은 없을 테지만 가부좌 틀기가 그리 쉬운 일인가. 휘정 스님은 다시 꽃을 들어 보였다.

"싹을 틔우는 순간 천지 모든 것이 합세하여 그 싹을 키웁니다. 꽃을 피우겠다는 새싹의 작은 원력에 온 천지 만물이 한꺼번에 움직입니다. 땅과 바람과 물과 태양 모두가 그 꽃을 향합니다. 불자는 위대한 싹입니다. 지극한 원을 세웠다면 이미 그 원의 결실은 맺어진 것과 다름없습니다."

재지 말고 지금, 정진하라는 뜻이다. 다만 스스로 포기하거나 자신을 부정하는 마음만은 거두라 한다. 그저 정진하고 기다리면 시절인연은 분명코 닿는다고 한다.

휘정 스님 주석처에 '빈손으로 왔다 빈손으로 간다(空手來空手去)'는 글이 걸려 있다.

"어떻게 오셨기에 빈손이십니까?"

순간적인 치기에 묻자 스님은 단호히 말한다.

"생사란 원래 없는 것이니, 삼계 윤회라는 말 나는 알 바 아니다."

그러면서 중국 송말원초 고봉원묘高峰原妙(1238~1295)선사의 열반송을 내어 보였다.

와도 죽음의 문에 들어온 일이 없으며
가도 죽음의 문을 벗어나는 일이 없네
쇠로 된 뱀이 바다를 뚫고 들어가
수미산을 쳐 무너뜨리도다

來不入死關 去不出死關

鐵蛇鑽入海 撞倒須彌山

휘정 스님은 여기에 한마디 일렀다.

와도 생문에 들지 않았고,
가도 사문에 들지 않았도다

來不入生門 去不入死門

휘정 스님의 선기禪機가 봉수산 기세만큼 등등하다. 어쭙잖은 치기가 또 발동했다.

"생사문에 들지 않은 선사는 이제 '한가한 노인'이 되셨는지요?"

죽비로 한 대 내려칠 만도 한데 스님은 자비심을 내어 노트 한 권을 말없이 열어 보였다. 수행 중 떠오른 선시와 일상에서 스쳐 간 생각을 적어 놓은 메모다. 2006년부터 2010년까지의 살림살이인 셈이다. 2006년 음력 12월에 시작한 단편 선시들

가운데 첫 시를 보자!

삼계는 진실한 것이 아니고
몸과 마음은 환과 같다
모든 것이 떨어져 나가면
다시 이것이 어떤 물건인가
三界非眞 心身如幻
皆具脫落 復是何物

주객이 문득 끊어지니
도체가 홀로 드러나도다
고목은 노래하고
돌부처는 가만히 듣는다
頓忘主客 道體獨露
古木歌詠 石佛寂聞

그해 12월 느낀 바가 있음이 분명하다. 공적영지空寂靈知 속
으로 한 걸음 더 내디딘 것이었을까! 의문과 기대감을 안은
채 메모들을 독파해갔다.
'삼천 조항의 법규를 다 뒤져도 정情과 죄罪를 판단할 길 없
도다'라는 도림법전道林法傳(1926~2014) 스님의 법어에 스님은

'물 가운데 비친 달 그림자, 물은 취하지도 버리지도 않는다'며 답하고 있다. '차나 한잔하라' 했던 조주를 향한 일갈이 일품이다.

> 말 많은 조주 늙은이
> 굴려도 굴려도 옥구슬이라네
> 어떤 것이 조주인가
> 말 끊어지고 길 다한 곳이라네
> 多言趙州翁 轉轉唯玉珠
> 如何是趙州 言絶路盡是

조주의 '잣나무'를 보고 '돌다리'를 건넌 것일까? 노트에서 배어나는 휘정 스님의 선향禪香을 따라가다 2009년 음력 8월 13일 새벽 일상을 적은 짧은 글 한 편에 시선이 멈췄다.

'지난 밤 꿈을 꾸다. 발가벗고 대중 속을 걷다가 돌아오는 꿈이었다. 연이어 갈 곳을 찾아 헤매는 꿈을 꾸다. 부끄러운 일이로다. 심히. 아직도 이 정도라니.'

꿈속의 방황도 용납하지 않는 철저한 경책이다. '무심에 깊이 들었다가 쓴' 시 한 수가 영롱히 빛을 발한다.

한 생각 문득 일어나니
처처가 빈곤이라
일념이 일어나지 않으니
천하가 태평하다
一念頓起 處處貧困
一念不生 天下太平

　매듭지은 시에 이어진 짧은 글 하나가 눈길을 끌며 큰 울림
으로 다가온다.

　'오매일여悟昧一如 되고 내외명철內外明徹하여 생사투탈生死透
脫 해야 하리!'

　'한가한 노인'을 묻는 질문 자체가 오만이었다. 스님은 남은
일생 동안 양심에 따라 살겠다고 한다. 어떤 양심을 이르는지
여쭈었다.
　"함이 없는 참 사람(無爲眞人)으로 살고, 함이 없이 교화(無爲
自化)하는 삶이 수행자의 양심입니다."
　봉수사 선원에 걸린 휘정 스님의 글귀가 눈에 들어왔다.

　통째로 놓아 버리니 통째로 얻는구나

통째로 얻으니 통째로 쓰는구나

통째로 쓰지만 통째로 부동이구나

통째로 부동이니 통째로 무시무종無始無終이구나

통째로 무시무종이니 통째로 스스로 존재하는구나

아! 천상천하 유아독존이여!

존재들의 자성이여!

원래 해탈안락이구나!

백척간두진일보百尺竿頭進一步라

디딜 땅을 구하지 말고

다만 백척간두진百尺竿頭進만 놓아 버려라

  중국 원나라 때 고승 몽산덕이蒙山德異(1231~1308) 스님의 한
마디가 스쳐간다.

  '일을 마친 사람은 생사의 언덕에서 거친 번뇌를 미세한 번
뇌로 바꾸고 단점을 장점으로 바꾼다. 지혜광명의 해탈로 모
든 법을 낼 삼매의 왕을 얻으리니 이 삼매로 마음대로 가질
수 있는 몸을 얻기에 뒷날 오묘하게 중생의 부름에 부응하는
그리고 믿음으로 이루어진 부처님의 몸을 얻는다. 도는 큰 바
다와 같아서 들어가면 들어갈수록 더욱 깊은 맛이 난다.'

봉수사를 나서며 산을 다시 한 번 보았다. 이 산엔 분명 봉
황 한 마리가 꿈틀거리고 있다.

마가摩迦 스님

1982년 입산하여 1985년에 사미계, 1988년에 비구계를 수지했다. 1989년 중앙승가대를 졸업하고 2003년부터 2011년까지 중앙대학교 교양학부 겸임교수를 역임했다. 현재 현성정사 주지이며 사단법인 자비명상 이사장, 직지사 연수원장이다. 마가 스님은 현성정사에 '임사 체험관'과 '희로애락방'을 설치하여 삶을 정리하며 스트레스를 털어내는 '마음 충전소'를 운영하고 있다. 또한 BBS 불교방송에서 '마가 스님의 그래도 괜찮아'를 진행하고 있다. 저서로는 《알고 보면 괜찮은》《고마워요 자비명상》《내 안에서 찾는 붓다》《나를 바꾸는 100일》《마음 충전》 등이 있다.

지금은 끝이 아니고 시작입니다

1997년 태안사 조실 청화 스님 앞에 섰다. 삼배를 올리니 맞절로 받으신다. 절을 마치고 말없이 앉았다. 납자의 얼굴을 지긋이 응시한 청화 스님이 한마디 이른다.

"자네는 출가 전에 어떻게 살았나?"

윽!

턱 막힌 가슴의 좁은 틈새로 유년의 기억이 비집고 들어왔다. 어머니 뱃속에 있을 때 아버지는 이웃집 아주머니와 도시로 나가 살림을 차렸다. 초등학교 1학년 소풍날, 함께 길을 나선 어머니 손을 뿌리치고 마을 뒷산으로 내달렸다. '친구들은 아버지 어머니와 함께 소풍가는데……'라는 말 대신 쪼그려

앉아 소나무 가지로 땅바닥만 헤집었다. 어머니는 숨죽인 채 눈물만 흘렸다.

아버지를 향한 그리움은 질풍노도기로 접어들며 분노로 바뀌었다.

"아버지에게 버림받은 자식!"

광주의 한 교회는 상처투성이의 고등학생이 위로받을 수 있는 유일한 공간이었다. '목사의 길을 가자!' 전남 장성에서 이 소식을 들은 아버지는 한걸음에 교회로 달려가 '절대 불가'를 통보했다.

"그렇단 말이지. 내가 자살하면 아버지는 평생 후회하며 살겠지!"

1년 동안 수면제 70알을 모아 강원도 오대산으로 들어갔다. 별다른 연고나 추억이 있어서가 아니다. 고향 땅에서 가장 먼 길을 택했을 뿐이다. 20여 알씩 나눠 입안에 털어 넣자 생의 무대를 거두는 장막이 처지듯 눈꺼풀이 내려앉았다. 3일 후 눈을 떴다. 죽음의 언저리에 놓인 그를 한 스님이 발견한 것이다.

"자네는 부처님 가피로 다시 태어났으니 남은 생은 부처님께 바치게."

목사의 길을 가려던 청년은 1982년 삶과 죽음의 갈림길에서 수행자의 길로 들어섰다.

청화 스님 한마디에 마가摩迦 스님은 먹먹해진 가슴을 안고 태안사에 머물렀다. 출가 전 일을 물은 청화 스님은 이후 아무 말도 건네지 않았다. 나무 그늘에 앉아 있을 때나, 도량 주변을 서성일 때나 청화 스님은 조용히 지켜만 보았다.

"아마도 제 마음속 차디찬 얼음장 안에 자리한 아버지에 대한 원망을 보신 듯합니다. 먼발치에서부터 전해지는 따듯한 눈길을 확연히 느낄 수 있었습니다. 그 거룩한 시선이 제 안의 얼음장을 녹였다 해도 과언이 아닙니다. 그때 연기법의 숭고함과 팔정도의 위력을 절실히 알게 되었습니다."

도인道人, 도량道場, 도반道伴의 3도三道가 실로 막중함을 다시 한 번 새겨볼 수 있는 대목이다. 한 달 하고도 보름이 넘어가던 어느 날이었다.

"대자대비를 펴야 할 납자가 아버지 한 분을 용서 못 했단 말인가!"

'그 무엇'이 막힌 가슴을 뚫고 터져 나왔다. 아버지를 향했던 분노와 원망이 화롯불에 눈 녹듯 사라지며, 숨죽여 흘렸던 어머니의 눈물보다 더 뜨거운 눈물이 하염없이 흘렀다. 무릎을 꿇고 엎드렸다.

"어머님 감사합니다! 아버님 감사합니다! 부처님 감사합니다!"

자비의 숭고함을 체득한 순간이다. 청화 스님을 다시 마주했다. 자비 가득한 음성이 귓전에 닿았다.

"이제, 하고 싶은 일을 마음껏 펼치시게!"

마가 스님은 미움과 분노에 휩싸인 사람들을 자비심으로 치유할 수 있다는 결론을 내렸다. 선과 위빠사나 수행에서 갈 무리한 경험을 접목해 가장 한국적인 '자비명상' 프로그램을 구축했다. 2002년 공주 마곡사에 최초로 '자비명상 템플스테이'를 열었다.

인간의 내면 깊숙한 곳에 똬리 튼 '응어리'를 스스로 풀게 한 후 자비 실천의 길로 인도하는 '마가 스님 자비명상'은 급속도로 유명세를 탔다. 당시 고졸 학력으로 중앙대학교 교양학부 겸임교수로 강단에 선 마가 스님은 '내 마음 바로보기' 수업을 2003년부터 2011년까지 8년이나 이어갔다. 개설 초기 150명이던 수강생은 몇 년 사이에 10배로 늘어났는데, 정원을 대폭 늘려도 수강신청이 어려워 '수강신청 1초 만에 마감되는 스님'으로 불렸다. 마가 스님이 개설한 '자비명상 지도자 과정'을 통해서는 2019년 현재 스님 280명, 재가자 150명이 배출됐다. 내외명철한 내공이 깊지 않으면 불가능한 일이다.

"얼굴과 낙하산은 펴야 삽니다!"

"힐링Healing하려면 자신을 킬링Killing해야 합니다!"

"제주도보다 더 멋진 섬은 '그래도'입니다."

"2+2=4. 이해하고 또 이해하는 것이 사랑입니다."

참신한 아이디어가 돋보이는 비유를 들어 자비의 진면목을 유쾌하게 풀어내는 마가 스님은 법륜·혜민·정목 스님과 함께 불교계를 대표하는 '국민 멘토'다.

자비명상의 본체를 좀 더 들여다보고자 서울 현성정사로 향했다. 깨달음도 시절인연이 닿아야 한다고 했다. 태안사 '자비慈悲 법회法會' 이전의 또 다른 일대사인연이 분명 있었을 법했다. 마가 스님은 출가 10주년을 기념해 1995년에 도반들과 떠났던 인도순례를 회상했다.

부처님 법 직접 느껴보자고 떠난 순례길이었지만 세 명의 의견은 늘 엇갈렸다. 유독 번잡함을 멀리해온 마가 스님은 네팔 카투만두에서 도반들로부터 스스로 떨어져 나왔다. 룸비니를 지나 인도 뉴델리에 도착해 게스트하우스의 작은 방으로 들어갔다. 홀로 다니면 홀가분할 줄 알았는데 아니었다. 말도 안 통하는 낯선 사람들 속에 홀로 서 있는 자신을 보고는 고독감에 휩싸였다.

하루가 지나고 이틀이 지나며 고독감은 죽음의 공포로 밀려왔다. 금방이라도 죽을 것만 같아 방문조차 열 수 없었다. 스스윽! 벽과 천장을 타고 이리저리 기어 다니는 도마뱀을 응시했다.

"도마뱀도 저리 자유롭게 다니는데, 나는 문지방 하나 넘지 못하는구나!"

순간, 벌떡 일어나 앉았다. 날카로운 눈빛으로 도마뱀과 벽, 그리고 출입문을 보았다. '성지순례하다 죽어도 괜찮아. 다음 생에 못다 한 순례 이어가면 되는 거야!' 어깨를 짓눌러온 천 근 돌덩어리가 떨어져 나간 듯 몸과 마음이 가벼워졌다. 일주 일 만에 방문을 여니 게스트하우스 주인이 환한 미소로 짧은 인사를 건넨다.

"헬로Hello!"

"그 인사 하나에 살아있다는 게 얼마나 큰 행복인지 새삼 실감했습니다. 오대산에서 죽음의 문턱까지 가보았던 저는 죽 음만은 초탈한 줄 알았습니다. 지금 생각해보면, 수좌 시절 선 사들의 생사일여生死一如 법문이 귀에 들리지 않았던 것도 저 의 착각 때문이었습니다. 실은 살고 싶었던 겁니다. 그것도 엄 청나게……! 게스트 하우스 주인의 미소는 제 기억 속 가장 아름다운 미소로 남아 있습니다. 가사장삼을 수하고도 상대 를 위한 미소 하나 보일 줄 몰랐던 저의 과거를 일깨웠습니다. 그 전까지 저는 타인에게 웃음을 강요했던 겁니다."

신발을 벗었다. 그리고 걸었다. 무려 6개월 동안 맨발로 길 을 걸으며 낯선 사람들에게 "하이!"하며 미소를 건넸다. 그들 도 환한 미소로 화답했다. 그 길에서 한국인 목사를 만났는 데, 인도로 떠나온 연유를 술회하듯 짧게 얘기했다.

"설교할 때마다 사랑을 실천하라고 했는데 말입니다. 가만히 생각해보니 그 사랑이 제 안에는 없지 뭡니까."

신선하면서도 강렬한 충격이었다.

"제 안에도 자비가 있는지 의문이 일었습니다. 길을 걷다 내린 결론은 저 역시도 경전 속 자비를 보기만 했을 뿐 담으려 하지는 않았다는 사실이었습니다."

8개월의 인도 여행길에서 돌아온 스님은 자신의 내면을 다시 들여다보았다. 공포, 죽음, 자유, 맨발, 미소, 그리고 자비!

분명 큰 것을 얻었는데 1%가 부족하다는 느낌을 지울 수 없었다. 아지랑이 속에서 하늘거리기는 하는데 잡히질 않는다. 그래도 꼭 잡아채야만 했기에 다시 길을 떠났고, 또 하나의 '긴 여정' 끝에 닿은 곳이 태안사였다.

"아버지를 향한 분노, 도반들을 향한 거친 말, 신도들을 향한 위압적인 언행 등 그 모든 것들이 실은 폭력이었습니다. 인도 여정에서는 제 속에 자비가 없다는 것만 알았지 폭력이 가득했다는 사실은 간과했던 겁니다. 경전과 법문 속 자비는 소용없습니다. 자비는 실천에 옮겼을 때 의미 있습니다. 1%가 아니라 99%가 부족했던 겁니다. 이 사실을 알고 나니 조금은 '스님다운 스님'으로 설 수 있었습니다. 태안사 일주문을 나서며 다짐했습니다. 부처님 덕에 승복 한 벌 입었고, 불자님들의 시주로 살아 숨 쉬고 있다. 이 은혜 죽을 때까지 갚으리라!"

아버지를 그리며 땅을 헤집던 소년, 버림받았다는 상실감에 휘말렸던 청년, 도반들 무리에서 떨어져 나와 인도의 골방 한가운데에서 스스로 만든 죽음의 공포에 떨었던 수좌, 그리고 태안사로 발걸음한 눈 푸른 납자. 이 여정에 '보이지 않는 길' 하나가 더 있음을 알겠다. 괴로움에서 벗어나려는 수행은 결국 자신의 문제이기에 고독한 여정일 수밖에 없다. 마가 스님이 체득한 자비는 40년 고독의 길 끝에 마주한 심연에서 길어 올린 감로수다.

아주 근원적인 질문 하나를 드렸다. 명상이란 무엇인가?

"멈춤입니다. 멈추면 '지금'이 보이고, 지금을 직시하면 '자신이 하고 있는 것'을 알아차릴 수 있습니다. 수행이 깊어질수록 소유와 집착의 생활방식에서 무소유와 방하착의 생활방식으로 전향합니다. 이 과정에서 '비움'은 선택이 아닌 필수입니다. 의상대사의 〈법성게〉에 있듯이 '하늘 가득한 지혜와 자비가 비처럼 내리건만 하나같이 제 그릇 크기만큼만 담을 뿐(雨寶益生滿虛空 衆生受器得利益)'입니다. 적게 비우면 적게 얻고, 크게 비우면 크게 얻을 수 있습니다. 그릇을 바다처럼 낮추고 허공처럼 비워 지혜와 자비로 채워가면 세상이 달리 보이고, 자신의 삶 또한 달라집니다. 행복으로 가는 지름길입니다."

자신과 타인의 존귀함을 어떻게 일깨워주는지가 궁금했다.

"자신의 장점을 108가지 써보라고 합니다. 누구라도 한 번에 채울 수 없습니다. 가족, 친구, 도반들을 찾아가 물어보라고 합니다. '당신이 보기에 제 장점은 무엇입니까?' 시간은 걸리지만 결국 채워갑니다. 도반 가운데 누군가도 자신에게 물어올 것입니다. '당신이 보기에 제 장점은 무엇입니까?' 일러주어야지요. 그러려면 평소에 상대의 장점을 보려는 마음이 있어야 합니다."

마가 스님의 자비명상 과정을 밟는 수행자는 '감사 노트'에 하루에 감사한 일 세 가지를 쓴다. '교통사고가 났지만 죽지는 않았습니다. 고맙고 감사합니다'라는 글이 있는가 하면 '휠체어를 밀어드려도 괜찮겠느냐는 호의를 그대로 받아주셨습니다. 감사합니다'라는 글이 있다. 또한 '오늘도 아침 해를 볼 수 있었습니다. 감사합니다'라는 글도 있다.

"내가 보인 성의를 상대가 받아주면 감사한 일입니다. 공덕을 쌓는 불사이기 때문입니다. 우리 생명을 지켜주고 삶을 풍요롭게 해주는 나무와 꽃, 강과 바다, 태양과 달도 고마운 존재들입니다. 뭇 생명과 온 우주가 나와 직간접적으로 연결돼 있음을 알면 무엇 하나도 함부로 대할 수 없습니다. 나와 너, 꽃과 나무, 산과 강 모두 부처님 대하듯 해야 합니다."

연기법을 통해 생명의 고귀함을 터득해야 한다는 뜻이다.

"저는 물론이고 불자님들에게도 '하루 감사 3개'를 '하루 감사 1004개'로 확장해 보자고 제안합니다. 86초마다 감사하거나, 감사할만한 언행을 한다면 그 사람이 천사요 보살 아니겠습니까."

마가 스님이 품고 있는 청사진이 눈에 들어온다. 인간 내면에 존재하는 장점이나 특질들을 키워 정신적 고양에 이르도록 하는 것이다. 좀 더 깊이 들어가보면 개인의 내적 변화뿐 아니라, 사회적 관계 변화에도 초점을 둔 명상이다.

"현대 문명이 촉발시킨 가장 큰 병폐는 자기만 채우려는 의식입니다. 치료법은 하나입니다. 자신을 바로 보는 힘을 키우는 겁니다. 그러려면 고통을 두려워하거나 외면하지 않고 마주하는 용기가 필요합니다. 그 힘을 그대로 놔두기만 하면 사회변화는 꾀할 수 없습니다. 그 힘을 다스리고 가꿔 지혜와 자비, 사랑으로 크게 전환시켜야 합니다. 상생의 원동력은 여기서 샘솟습니다. 궁극에는 그 힘으로 사회 변화도 이끌 수 있습니다."

사부대중에게 지침이 될 글 하나를 부탁드렸다.

나무는 꽃을 떨궈야 열매를 맺고,
강물은 강을 버려야 바다에 이른다
樹木等到花 謝才能結果
江水流到舍 江才能入海

우리는 무엇을 놓아야 니르바나에 이를 수 있을까. 현대인들에게 전하고 싶은 메시지도 부탁드렸다.

"지금은 과거에 뿌린 씨앗의 결과이고, 지금은 미래의 씨앗을 심는 시간입니다. 그러므로 지금 이 순간, 최선을 다해 살아야 합니다. 지금은 끝이 아니고 시작입니다!"

어깨가 떡 벌어진 코끼리가 무리를 떠나 숲속을 거닐 듯 자유롭게 살고 싶은 사람이 풀어내야 할 화두이다.

중봉성파中峰性坡 스님

통도사에서 월하月下 스님으로부터 1960년에 사미계를, 1970년
에 비구계 수지. 통도사 주지를 역임하고 학교법인 영축학원 이
사장, 한국전통문화연구원 이사장, 조계종 원로회의 의원이다.
〈옻칠 불화전〉〈성파산수화전〉〈천연염색전〉〈금니사경전시회〉
등 다수 개인전을 통해 한국전통문화세계를 펼쳐 보였다. 현재
불보종찰 통도사 방장으로 주석하고 있다.

풀꽃이 원하는 건 흙 한 줌

소금과 메주가 만나도 시절인연이 닿아야 간장이 된다는 사실을 직시한 옹기가 자연을 벗 삼아 가부좌를 틀고 선정에 들었다니 한 편의 선시를 보는 듯하다. 김점숙 시인의 시 〈장독대〉 첫 대목 이야기다. 이제는 아련한 기억 저편으로 사라져가는 애틋한 정서 하나를 이 세상에 새기고 싶어 이 시를 썼을 테다.

연화좌蓮華坐를 한
장독대 항아리 안에서
간장이 선禪에 들었다

숯과 고추는 하늘에 동동
금줄은 풍신한 항아리에
햇살은 들숨날숨 넘나들었다

성파性坡 스님도 그랬다. 아파트 건축 붐이 일기 시작하던
1980년대 주거문화가 급격하게 변하면서 장독대는 설 자리를
잃었다. 사람들은 장독을 버렸다. 그때 성파 스님은 오십 년 이
상 된 장독들을 모았다. 성파 스님이 주로 머무는 영축산 서운
암瑞雲庵 장독대에 즐비한 5,000여 개의 항아리. 김 시인의 시
상을 빌려 말한다면 연화좌를 튼 지 칠팔십 년 된 선기禪機가
득한 장독들이다.

성파 스님이 걸어온 길을 거슬러 올라가면 이채롭다. 어느
날 도예에 관심을 갖더니 1985년 삼천불상을 구워내 '도자삼
천불'을 서운암에 봉안했다. 해인사에 목판경이 있고, 화엄사
에 석경이 있다면 서운암에는 도자경이 있다. 팔만대장경판
앞뒷면을 분리 제작한 16만 도자대장경은 성파 스님이 1991년
부터 2000년까지 꼬박 십 년 동안 매진해 일궈낸 대작불사.

천연염색인 쪽 염색법과 고려시대 전통 한지인 감지도 재현
했다. 쪽 염색이 보편화된 지금과는 달리 1980년대 중반에는
염색법에 대한 대중 인식마저도 거의 없었을 때였으니 많은
고초를 겪었을 건 자명하다.

수년 전부터 성파 스님이 옻으로 불화를 조성한다는 입소문이 퍼졌다. 옻으로 불화를 조성한다니 정말 가능한 일일까? 2013년 성파 스님은 보란 듯이 한국불교역사문화기념관에서 〈옻칠 불화전〉을 펼쳤다.

옻이 들어가면 둔탁하고 어두울 것이라는 색감에 대한 선입견은 단번에 깨졌다. 투명한 색감이 확연하게 표현된 것은 물론이고, 성파 스님만의 기법에 따라 질감과 입체감까지 완벽하게 표현하여 사람들로 하여금 감탄을 자아내게 한다. 방습, 살균, 내구성을 갖춘 옻을 감안하면 성파 스님의 이 불화는 수백 년이 지나도 훼손되지 않을 듯싶다. 옻칠 불화는 물에 담가도 변색되지 않는다고 하니 명작을 유구히 남기고 싶은 불모佛母(불화를 그리는 사람)에게는 희소식이다.

웬만한 사람은 이 가운데 하나도 제대로 해내기 벅차다. 도자대장경만 해도 무턱대고 가마에 넣는다고 될 일이 아니다. 900도의 불로 초벌구이 한 도판에 팔만대장경 원본을 실크스크린으로 떠 유약을 발라 1200도의 불에 다시 구워 내야 한다. 준비기간만 5년이 걸렸다 해도 공정에서 발생했을 난관과 시행착오는 짐작하기 어렵다.

성파 스님의 예사롭지 않은 행보가 또 하나 있다. 성파 스님은 사자좌에 올라 전하는 대중법문을 웬만해서는 하지 않는다. 그 연유를 여쭈었지만 스님은 미소만 보일 뿐이다. 잠시 후 의미심장한 한마디가 찰나의 정적을 깼다.

"심봉사가 눈을 떴습니다."

《심청전沈淸傳》이다.

"어떤 의미를 함축하고 있는지 아시지요? 견성見性입니다."

스님은 차 한잔하고는 이내 서운암 야생화로 화제를 돌렸다. 서운암 들꽃 군락지에는 고산 야생화를 제외하고는 한국 야생화는 거의 다 있다 해도 과언이 아니다. 성파 스님이 조성했다. 매년 4월 수많은 인파가 몰려오는 대축제에서 가장 인기가 많은 건 약 100여 종으로 꾸며진 1만여 평의 들꽃 산책길.

"야생화가 내보이는 미소에 반하지 않을 사람 있을까요? 어떤 시인은 금낭화 곁에서 밤새 친구가 되어주었을 달빛을 담을 것이고, 어떤 화가는 할미꽃 흠뻑 적셔준 소나기를 화폭에 담겠지요. 어떤 음악가는 꽃창포를 스쳐간 바람들의 하모니를 연상할 수도 있을 겁니다. 아무려면 어떻습니까? 들꽃 속에 파묻혀 있는 동안만이라도 작은 행복감을 느낄 수 있으면 그만이지요."

《심청전》과 야생화 사이를 관통하는 그 무엇이 있을 듯 싶은데 잡히지 않는다. 심봉사가 눈을 뜬 것은 '견성'을 의미한다지만 들꽃 군락지 야생화의 미소에서 스님은 무엇을 보는지 여쭈었다.

"한 줌의 흙!"

가슴이 탁 트인다.

"들꽃은 자신의 뿌리를 내릴 한 줌의 흙 이상을 원하지 않습니다. 빛과 바람과 어울리는 것만으로도 충분하다고 고개 끄덕이듯 하늘거립니다. 풀꽃의 작은 흔들림 속에서 풀꽃만의 유유자적한 미소를 봅니다. 우리가 원하는 건 무엇입니까? 무엇을 가지면 이 생애 단 한 번이라도 맑은 미소를 내어 보일 수 있을까요?"

인간의 끝없는 욕망에 대한 일침이다. 청자 백자가 있는 궁궐도 장독은 있었고, 고관대작이 머무는 길옆에도 어김없이 들꽃은 피어 있었다.

"우리 곁에 늘 있어주는 작은 것에 대한 소중함을 알면, 인생풍파에 수없이 흔들리던 지침도 자리를 잡습니다. 가야 할 방향을 확실하게 알았으니 곧장 나아가겠지요. 작은 행복 모르고 헛꿈을 꾸며 망상만 피우면 옆 사람 말 한마디에도 자신의 마음을 빼앗기고 맙니다."

화려함에만 취해 장미 한 송이 보려다 이름 모를 수십 송이 꽃을 함부로 밟았던 우리 발길이 헛꿈이요 망상임을 스님은 설하고 있다. 성파 스님은 한국 전통문화를 불교가 이어야 한다는 의지로 사라져가는 옛것을 찾고 개발해왔다. 하지만 여기엔 스님만의 또 다른 깊은 뜻이 배어 있다. 전법이다.

누구인들 산에 핀 야생화를 보고 싶지 않겠는가. 들꽃 구

경 온 길목에서 장독대를 마주하고, 전통 한지에 배인 색채에
빠지다보면 도자삼천불을 친견하며 도자팔만대장경을 가슴
에 안게 된다. 전통문화 속에 담긴 정서를 매개로 자연스럽게
불교 세계로 이끌고 싶은 것이다.

들꽃 길을 걸은 수많은 사람들이 당장은 아니더라도 훗날
스님이 야생화에서 건져 낸 '흙 한줌'의 뜻을 새길 수 있다면,
팔만대장경에 담긴 부처님 법을 가슴에 담은 것과 다름 아니
다. 심봉사 눈뜸이 견성이었다는 사실에 무릎을 탁 치는 것처
럼 말이다. 그러고 보니 서운암 자체에 이미 스님이 전하고 싶
은 법문이 모두 담겨 있다. 굳이 대중법문을 하지 않는 연유
도 이제야 잡힌다.

묵묵히 서 있는 옹기가 스님의 심중을 이해하고 있을 터.
그 옹기 하나가 어느 날 깨지면 얼마나 가슴이 아플까!

"깨지면 흙입니다. 그 위에 들꽃 한 송이 피어나겠지요. 굳
이 이름 한다면 서운암 풀꽃!"

성파 스님도 한 떨기 풀꽃이 되고 싶은 것일까?

"조주 스님이 이르셨습니다. '나무부처는 불을 건너지 못하
고, 진흙부처는 물을 건너지 못한다.' 진불을 찾는다면 연꽃이
면 어떻고, 들꽃인들 또 어떻겠습니까."

우리도 서운암 무위선원에 앉으면 진면목을 맛볼 수 있을
까? 성파 스님이 한마디 더 이르신다.

"지금은, 풀꽃이 전하는 미소에 화답할 순간입니다. 그것으로 충분합니다."

학봉지선鶴峰知詵 스님

1946년 전남 장성 출생. 16세에 석산 스님을 은사로 출가. 1967
년 석암 스님을 계사로 구족계 수지. 1972년 서옹 스님으로부터
'학봉'이라는 법호를 받으며 법제자가 됐다. 백양사 주지, 실천불
교전국승가회 의장, 조계종 중앙종회 의원을 역임했다. 2004년
백양사 유나 소임 이후 2013년 고불총림 백양사 방장으로 추대
됐다. 6월항쟁 때 내란음모죄로 옥고를 치르기도 한 지선 스님은
1991년 민주주의민족통일전국연합 공로패와 1998년 광주 박관
현민주대상, 2010년 광주 오월어머니상을 받았다. 2018년 3월에
는 미얀마 정부로부터 '가장 높고 성스러운 스님으로서 최고의
품수'라는 뜻의 '아까 마하 사다함마 조디까 다자(AGGA MAHA
SADDHAMMA JOTIKA DHAJA)' 작위를 받았다.

실천할 때 경은 살아 숨 쉰다

1987년 6월 10일 민주항쟁의 그날 낮 12시! 서울 성공회 성당 옥상에서 군사 독재정권에 대한 대국민 항거의 신호탄이 떠올랐다.

"여기는 민주헌법쟁취 국민운동본부입니다. (…) 우리는 민주주의를 갈망하는 온 국민의 이름으로 민정당 노태우 대통령 후보 지명이 무효임을 선언한다!"

도시 한복판을 가로질러 시민들의 가슴에 꽂힌 칼칼한 목소리의 주인공은 지선知詵 스님이다. 항거는 들불처럼 퍼져 대규모 가두시위로 확대됐다. 서울을 시작으로 부산, 대구, 인천, 대전 등 전국 22개 지역에서 200여만 명이 거리로 쏟아져 나와 외쳤다.

"호헌철폐! 독재타도!"

급기야 직선제 개헌과 민주화 조치를 보장하는 '6·29 선언'이 발표됐고, 이로써 5공화국의 권력유지 시도는 저지됐다.

한국 민주주의·사회운동사에서 6·10민주항쟁이 차지하는 비중은 매우 높다. 지식인들의 역할에 힘입어 종교·교육·예술·노동 등의 분야에서 아래로부터의 변화를 갈구하는 '풀뿌리 사회운동'이 확산되기 시작했기 때문이다. 1990년대의 환경·여성·반핵·인권 등의 시민운동을 일으킨 원동력이 6·10민주항쟁이었다 해도 과언이 아니다. '시민의식'의 중요성은 이때부터 대두되었다. 풀뿌리 운동을 선도한 불교계 대표인물을 꼽으라면 단연 지선 스님이다.

세속에서는 지선 스님을 '투사'라 한다. 군사·독재정권에 맞서 싸웠고 조계종 종단개혁에도 선두에 섰으니 틀린 말은 아니다. 그래도 '스님'과 '투사' 사이의 간극이 느껴진다.

실천불교전국승가회 의장, 조계종 중앙종회 의원, 제주 관음사와 장성 백양사 주지 등의 소임을 맡았던 지선 스님은 1999년 돌연 교계 안팎의 모든 일선에서 물러나 동안거 결제에 들어갔다. 스님이 선원에 들어가 수행에 전념하는 게 특별한 일은 아니지만 '민주열사'라 칭해졌던 스님이 홀연히 선방으로 들어가 가부좌를 틀었으니 사연이 있을 법하다. 벌써 그

세월만도 20년이다. 가끔 가부좌 풀고 지대방에서 차 한잔할 때는 지나온 여정을 반추해 보았을 터인데 어떻게 가름했는지도 궁금했다. 1980년대 한국 민주사회의 초석을 다지는 데 중추적 역할을 했던 지선 스님이 전하는 당시의 일언들은 폭압과 갈등을 뛰어넘어 새로운 세상을 열려고 몸부림쳤던 우리 역사의 증언이기에 걸음을 재촉했다.

광주로 들어서며 이내 먹먹해졌다. '국립 5·18 민주묘지' 이 정표가 전하는 뜨거움 때문이었을 터다. 광주 민주항쟁에 가한 폭력진압으로 목숨을 잃은 사람은 공식 집계만도 154명. 실종된 70인의 생사여부는 아직도 확인되지 않고 있다. 공수부대가 주둔하던 광주 외곽 곳곳에서 암매장된 사체들이 발굴됐지만 5·18 진실규명은 요원하기만 하다.

지선 스님은 2009년에 '김대중 전 대통령 광주·전남추모위원회'가 발족될 때 위원장으로 추대됐을 정도로 DJ(김대중 전 대통령)와는 가까운 사이였다. 그러나 한편으로는 지선 스님과 DJ의 관계는 애증의 관계이기도 하다. 민주화운동을 향한 '투쟁' 방식의 결이 달랐기 때문이다.

6·10민주항쟁에 따른 국가보안법 위반 등의 혐의로 서울 서대문형무소에 수감된 지선 스님은 6·29선언으로 풀려났다. 석방과 함께 YS(김영삼 전 대통령) 측으로부터 연락이 와 상도동을 찾았다. 지선 스님은 그 자리에서 '대통령 후보 단일화'를 역설

했다. 얼마 후 동교동에서도 연락이 와 DJ를 만났다. 그 자리에서도 단일화만이 민주사회를 앞당길 수 있다고 역설했다. 그런데, 이 자리에서 지선 스님은 DJ에게 'YS로의 단일화'를 제안했다고 한다.

"누구로 단일화해도 관계없다는 게 제 소신이었습니다. 다만 대통령 선거인만큼 소가 밟아도 깨지지 않는 표를 감안해야 했습니다. 당시 야당(DJ)에는 26%, '독재 여당'에는 36%의 표가 굳어 있다고 분석했습니다. 그 상황에서 양 김씨의 단일화가 안 될 경우 '선거필패'는 명약관화했습니다. 단일화 당선만이 가능하다면 YS가 먼저 대권에 도전하고 DJ는 훗날을 기약해야 한다고 보았습니다. DJ가 미국 망명길에 올랐을 당시 YS는 한국에 남아 고초를 겪으면서도 나름의 활동을 끊임없이 전개했던 점도 감안한 판단이었습니다."

그러나 양측 모두 가능성만 언급할 뿐 대승차원의 합의도출에는 접근하지 못했다. 그래도 지선 스님은 두 거물이 가슴을 맞대고 지혜를 발휘해 묘안을 낼 것이라 믿고 전국 순회강연을 이어가며 김대중·김영삼 후보를 향한 대 국민적 지지를 호소했다. 끝내 단일화는 무산됐고 노태우 후보가 13대 대통령에 당선됐다. 당시 국민적 상심은 너무도 컸다. DJ와의 관계는 이때부터 소원해지기 시작했다.

1989년 이철규李哲揆(1964~1989) 의문사 사건 직후 투쟁진로를 놓고도 두 사람의 의견은 상충됐다. 지선 스님은 동교동을 방문해 변사 사진을 일간지에 게재하자고 제안했다. DJ는 일언지하에 거절했다.

"국민 정서에도 맞지 않고 독재정권 측과 공안당국에 탄압의 빌미를 줄 뿐입니다."

"5·18 이후 수많은 민주·인권·통일 열사들이 죽었습니다. 그 묘지 위에 민주주의와 김대중·김영삼 깃발을 꽂았는데 지금 외면하려 합니까! 그리할 거라면 정치 그만 하십시오!"

"강연을 해도 정치인이 하는 것보다 종교인이 했을 때 파장이 더 큽니다. 법복 입은 스님이 대학생을 선동해 화염병을 들게 하시렵니까? 사실을 알리자는 것이지 폭력을 조장하려는 게 아니지 않습니까. 나보고 '민주화운동 그만 하라'는 큰소리 하시려면 선생님도 정치 그만하십시오. 어떤 스님이 자비행을 못할망정 국민과 학생들에게 폭력시위 하라고 가르칩니까!"

DJ가 집권하자 지선 스님은 1999년 겨울 동안거에 입재했다. 선원에서 묵묵히 정진만 거듭했던 지선 스님. 그러나 김대중 전 대통령의 추모만은 외면할 수 없었다. 한때 소원했지만 동지였지 않은가. 하여 '김대중 전 대통령 광주·전남 추모위원회' 위원장을 뜨거운 가슴으로 안았다. 지선 스님 가슴에 DJ는 어떻게 자리하고 있을까?

"김대중 전 대통령을 말할 때 '투쟁'을 떠올립니다. 단면만 보는 것입니다. 그분이야말로 소통을 중요시 했고, 소통으로 현대 정치를 이끌었습니다."

광주가 울고 있을 때 지선 스님은 제주 관음사 주지였다. 따라서 광주 5·18민주화운동 현장에 지선 스님은 없었다. 지선 스님이 광주로 온 건 은사인 석산 스님의 병환을 돌보기 위해 문빈정사 주지로 부임한 때였다. 문빈정사는 무등산을 오르는 길목에 있다. 산을 찾은 대중의 비난이 담장을 넘어왔다.

"무등산을 오르며 절을 향해 손가락질 하는 겁니다. '군부 독재자들을 위한 조찬기도회나 하고, 호국불교라고 하면서 민주·인권 문제는 나서지 않는다'고 말입니다. 비판과 욕설을 하는 시민들에게 차 한잔 건네며 이야기를 나누어보았습니다. 저를 포함해 불교계를 향한 불만의 강도는 상당히 높았습니다. 민주화운동에 나서지는 못할망정 정권에 빌붙어 국태민안國泰民安이라는 이름으로 기원법회나 하느냐는 겁니다."

일각에서 일어나는 일일 뿐 불교 전체가 그런 게 아니라 해도 설득되지 않았다. 불교 시각에서 본 광주민주화운동을 말해보라는 사람도 있었다. 나름의 견해를 피력했지만 그들은 꿈쩍도 하지 않았다. 논리가 빈궁했기 때문이다. 광주 금남로 삼복서점으로 달려갔다. 그리고 사회과학 서적을 손에 잡히는 대로 구입해 독파했다. 6개월 동안 읽은 서적만도 100여 권이 넘는다.

"박정희 정권에 이어 전두환 군부정권도 인권유린을 자행하고 민주화운동을 탄압했습니다. 파란중첩波瀾重疊의 폭압과 수난에 누군가는 목숨을 잃고, 누군가는 고문을 당하다 불구가 되었습니다. 먹먹한 가슴을 부여잡은 채 자유를 써 내려갔던 시인의 손목에 수갑이 채워졌고, 노동 현장에서 직시한 차별을 화폭에 담은 화가도 호송차에 올라야 했습니다. 군부정권에 철퇴를 내리지 않으면 시민·민중은 살을 에고 뼈를 깎는 고통을 계속해서 받을 수밖에 없는 시대였습니다."

불교와 민주주의 경계에서 외줄타기하던 지선 스님. 결론을 내렸다.

"부처님께서는 '인간뿐만 아니라 세간의 모든 생명과 무생물까지 요익과 행복을 위해 길을 떠나라' 하셨습니다. 대승불교의 핵심은 중생의 고난을 보듬는 보살정신입니다. 행복을 영위해야 할 시민이 폭압에 짓눌려 고통받고 있는데 외면하는 건 보살도에 어긋난다고 보았습니다. 침묵이나 말만으로 헤쳐나갈 수 없는 시대였습니다. 또한 할喝과 방棒만으로 불교의 시대적 소명을 다한다고만은 볼 수 없었습니다."

수행자와 민주화운동가 사이에서 고뇌한 흔적이 역력하다. 군부독재 정권의 핍박에도 결코 굴복하지 않았던 건, 대승보살 정신에 입각한 민주사회 실현 정당성을 확고하게 세워놓았기 때문이다. 지선 스님은 조계종 종단사에 길이 남을 '1994년 조계종 '개혁불사'에도 선봉에 섰다.

"5·18광주민주화 운동, 6·10민주항쟁을 거치며 우리 사회는 더디지만 민주화의 길로 한 발 한 발 나아가고 있었습니다. 그러나 '전통'이라는 허명에 숨은 종단은 변화 자체를 도외시하거나 두려워하고 있었습니다. 종단의 민주화가 절실했습니다. 교단 재정의 투명화와 민주적 의사결정 구조 정착, 승가교육의 체계화는 시급한 과제였습니다."

범승가종단개혁추진위원회가 주도한 승려대회에서 대회장을 맡았던 혜암慧菴 스님은 "타락과 분열로 끝없이 표류하는 오늘의 한국불교는 뼈를 깎는 참회로 새롭게 태어나야 하는 역사적 전환점에 서 있다. 모든 불자들은 침묵과 은둔의 벽을 허물고 용기있게 실천하는 개혁의 깃발을 올려야할 것"이라고 천명했다.

"대중의 원력과 응집력으로 추진된 종단개혁 불사는 성공적으로 회향했습니다. 무소불위의 종권을 휘둘렀던 의현 총무원장을 사퇴시켰습니다. 교육원·포교원을 독립시켜 총무원과 함께 중앙종무기관을 3원체제로 구축했습니다. 시대 흐름에 걸맞는 중·단기의 승려교육과 포교전략이 수립되기 시작했습니다. 중앙종회의 의정활동도 활발해지면서 미비한 법령을 개정·보완하며 점차 민주적 교단의 기틀을 잡아갔습니다."

그러나 1998년 종단 사태가 일어나면서 조계종은 다시 갈

등과 분쟁 속으로 휘말리고 말았다. 불교 각계의 의견을 수렴해가며 추진되던 개혁의 힘도 순식간에 잃고 말았다.

"1994년 종단개혁은 우리 내부의 자성自省으로 시작했습니다. 오랫동안 누적된 모순으로 가득 찬 종단을 바로 세우자는 원력과 사명감에서 출범한 것이지요. 당시 우리가 사부대중과 사회에 약속했던 건 '청정승가 구현'이었습니다. 하루아침에 실현시킬 수는 없지만 끊임없이 추진해야 할 불사이기도 했습니다.

1998년 종단 분규가 발생한 이유는 이 점을 간과했기 때문이라고 봅니다. 따라서 저는 그때 종단을 이끌어가는 지도자의 역할이 매우 중요하다고 판단했습니다. 종단 내 비민주적 요소를 바로잡아보려 총무원장 선거에 나섰던 겁니다. 그러나 낙선했습니다. 패인은 다른 데 있지 않았습니다. 제 수행이 충분치 않았고 역량 또한 부족했다는 결론을 내렸습니다. 제 자신을 성찰해볼 필요가 있다고 절감한 건 그때였습니다."

회광반조廻光返照의 시간이 필요했다는 뜻이다.

"군부독재가 물러가고 이 땅에도 인간다운 사회를 구현하려는 열정들이 타오르기 시작했습니다. 저 하나쯤은 '민주화운동가'라는 사회적 책임을 내려놓고 수행자 본분으로 돌아가도 좋다고 보았습니다. 민주화운동과 종단개혁은 부처님 법에 따라 실천했을 뿐입니다. 그런데 제 업보가 큰 탓인지 18년 만에 사회가 다시 저를 불렀습니다. 이제 막 수행에 맛을 들인 터라 수차례 고사했지만 결국 2018년에 민주화운동기념사업회 6대 이사장직을 수락했습니다."

지금 시점에서 바라보는 '불교와 민주주의'에 대한 고견을 청했다.

"불교와 민주주의의 공통점 하나를 꼽으라면 저는 '자유'를 듭니다. '하늘과 땅 사이에 내가 가장 존귀하다(天上天下 唯我獨尊)'는 부처님 탄생게는 개인의 존엄성을 극명하게 보여줍니다. 그리고 해탈이라는 대자유에 방점을 찍습니다. 민주주의의 핵심은 국민, 국가, 대중, 민중 등 '다수'라는 이름으로 '개인'이 희생당하지 않는 것입니다. 따라서 누구든 자유를 향유할 권리가 있습니다. 불교가 상생의 삶을 지향하듯 민주주의 또한 공존의 가치에 무게를 두고 있습니다. 대승적 자리이타(自利利他)를 지향하는 우리는 이 땅에 평등한 사회, 인권이 물처럼 흐를 수 있게 최선의 노력을 다해야 합니다."

고불총림 백양사 방장으로서 사부대중에게 전하는 당부의 말씀을 부탁드렸다.

"무릎이 부서져라 절을 하고, 목에서 피가 나올 듯이 염불해야 합니다. 참선하는 사람은 벼랑 끝에 선 것처럼 화두를 참구해야 합니다. 스님이 무거우면 법이 무겁고, 스님이 가벼우면 법도 가벼워진다고 했습니다. 이 가르침을 뼈에 새겨야 할 때입니다."

사회운동과 종단개혁 불사를 이끈 후 선원으로 돌아가 고불총림 방장에 추대된 지선 스님. 위법망구爲法忘軀의 기품으로 등뼈를 곧추세우는 수행자였기에 억압과 광기적 폭력으로 점철된 소용돌이 속에서도 결곡한 삶의 궤적에서 이탈하지 않았다. 산사에 머물면서도 산 아래의 고통을 외면하지 않을 지선 스님을 역사는 기억할 것이다.

투사? 아니다! 그때나 지금이나 수좌였으며, 오늘도 '지선'은 이 시대의 이理와 사事를 겸비한 '수좌'이다. 일어서면서 방문을 여니 연꽃이 마당 한편에 피어 있다. 청정하기 그지없다.

그물에 걸리지 않는 바람처럼

무소의 뿔처럼 혼자 가라

《숫타니파타》

법산경일法山鏡日 스님

경남 남해 출생, 동국대 인도철학과 졸업, 동 대학원 불교학과 박사과정을 수료했다. 대만 중국문화대학에서 〈보조선의 연구〉로 박사학위를 취득하고, 대만에 대한불교 홍법원을 설립했다. 한국선학회 회장, 동국대 불교대학장, 한국정토학회장, 정각원장, 조계종 고시위원장, 법계위원 등을 역임했다. 2011년 동국대 교수직에서 정년퇴임한 법산 스님은 2018년 대종사로, 2019년 7월 동국대학교 이사장으로 추대됐다. 저서로는《말 있는 곳에서 없는 곳으로》《문답으로 풀어보는 불교입문》《물속의 물고기가 목말라 한다》《뜻으로 풀어본 금강경 읽기》《나는 누구인가》(시집) 등이 있다.

말 있는 곳에서 말 없는 곳으로

'수좌 법산法山!'

아직 낯설다. '수좌 법산'보다는 '교수 법산'이 좀 더 어울릴 법하다. 하지만 선입견은 이내 무너졌다. '안녕하세요?' 대신 '관세음보살!'로 인사를 건네는 미소 속에는 꽁꽁 얼어붙은 강이라도 녹일만한 온후함이 배어 있었다. 차 한잔 따르는 손길엔 힘이 묻어났다. 수좌 특유의 묵직함과 부드러움이 조화된 그런 힘이다. 실상사 백장선원百丈禪院에서 안거 때 있었던 일화 한 토막을 전하며 법석法席을 편다.

"하루 일하지 않으면 하루 먹지 말라는 '일일부작一日不作 일일불식一日不食'의 백장회해百丈懷海(720~814)선사의 가르침이 살아 숨 쉬는 곳이 백장선원입니다."

평소 백장선원 입방 인원은 여덟 명에서 열 명 정도인데 지게가 딱 열 개 있단다. 한 사람에 하나씩. 삽, 호미, 낫 등의 농기구도 딱 그만큼만 있다. 울력을 해야만 머물 수 있다는 무언의 암시다.

"포크레인도 빌리고, 용접기도 삽니다. 하지만 그 도구를 사용하는 건 선방 스님들입니다."

2010년 동안거 때 식수가 끊겼다. 평소 계곡물을 식수로 사용해왔는데, 겨울에 접어드니 계곡이 얼어 물이 턱없이 부족했다. 이런 식이면 매년 동안거 나기가 버거울 터. 산사 주변 계곡을 샅샅이 뒤져 석간수를 찾아냈다. 그렇다고 끝난 게 아니다. 이 물을 백장선원으로 끌어와야 하는데 거리가 무려 700미터.

좌선 마치면 곡괭이와 삽을 들었다. 살을 에는 추위지만, 거친 돌부터 걷어내고 언 땅을 파 수로를 만들고 물 저장 탱크만도 세 개를 묻었다. 물길 잇는 파이프 용접도 선방 스님들 몫이다. 동안거 때 마치지 못한 이 일은 하안거 때까지 이어졌다. 여름 장마에 비 오듯이 한순간 물이 터졌다. 백장선원 전 대중이 쓰고도 남을 수량이다. 2년 불사 끝에 마신 그 물맛은 사막의 오아시스 물맛에 견주어도 떨어지지 않았을 터였다.

이 이야기를 하는 내내 만면에 미소가 가득하다. 강단에서 보인 웃음이나, '관세음보살' 하며 인사 때 보인 미소와는 달랐다. 환희 가득한 미소, 파안미소破顔微笑란 이런 것일까! 백장암 정진 중에는 시상도 떠올라 담아 두었다고 한다. 시 〈이 순간〉이 눈에 들어온다.

여름 밤
고요한 산사
어둠이 짙어갈수록

한 마음
허공에 가득
어둠이 깨어날수록

눈앞에
마주한 거울
그윽한 미소 법계 속으로

법산 스님은 1985년 대만에 있는 중국문화대학中國文化大學에서 〈보조선普照禪의 연구〉로 박사학위를 받은 다음 해 동국대학교 선학과 교수로 임용되어 후학양성에 매진했다. 뿐만 아니라 보조사상연구원을 비롯해 한국선학회, 인도철학회, 한국

정토학회, 아태불교문화연구원 등을 이끌었다. 최초의 종합역사서이자 불교백과사전인 《조선불교통사朝鮮佛教通史》 역주를 8년간 이끈 후 여덟 권으로 펴내기도 했다. 보조지눌 스님의 사상이 담긴 《보조전서普照全書》도 한글화하여 일반인들도 쉽게 다가갈 수 있게 했다. 또한 조계종 교육위원회 위원장, 승가고시위원회 위원장을 역임하며 조계종 승가교육제도의 개혁을 주도하기도 했다. 2011년 2월 동국대학교에서 정년퇴임했다.

법산 스님이 선방으로 향한 것은 지난 2006년 10월. 지리산 벽송사碧松寺에서 처음 가부좌를 틀었을 때 학계 사람들은 신선한 충격을 받았다. 선방은 '수좌 몫'이라는 인식이 교계 안팎으로 팽배하다는 점을 감안하면 놀랄 만하다. 사실 스님은 오래 전부터 '수행 없는 학문은 모래를 쪄서 밥을 짓는 것과 같다'는 신념을 갖고 있었다.

학문하는 사람에게 수행을 강조하는 이유가 궁금했다. 어쩌면 모든 사람들에게 '관세음보살' 하며 인사를 건네는 일상에 그 이유가 함축돼 있을 것 같았다. 관세음보살 호신상을 늘 가슴에 모시고 있는 법산 스님이다.

"대만에 가보신 분들은 자주 보셨을 겁니다. 거리마다 '아미타불阿彌陀佛'이라 쓴 크고 작은 벽보가 가득하지요. 그 이유를 대만스님에게 물었어요."

답변은 간단했다. 아미타불 글씨를 보는 순간, 아미타불을 한 번쯤 생각하지 않겠느냐는 것. 시각을 통해 사유를 이끌어 낸다는 말이다. 사유는 언행을 결정짓는다. 우리가 한 사람의 마음을 읽을 수 있는 첫 단계가 언행이라는 점에 착안하면 이는 중요한 의미를 갖는다. 법산 스님은 선禪을 꺼내 들었다.

"선, 너무 어렵게 생각할 게 아닙니다. 선은 심사정려深思靜慮, 혹은 기악棄惡입니다. 깊이 생각하고 고요히 의심하거나, 나쁜 것을 버린다는 의미입니다. 옳은 것은 보리의 길이요, 그른 것은 번뇌의 길입니다. 깨닫게 되면 악을 일으키는 번뇌는 선으로 가는 보리의 밝음에 밀려 제거되니, 악을 버리는 것이 곧 선이라 할 수 있습니다. 정혜定慧는 입으로 말하는 것이 아니라 마음으로 닦는 것이며, 실천하는 것임을 잊어서는 안 됩니다. 마음과 입이 선하고, 안으로 생각하는 마음이나 밖으로 나타나는 행위가 하나가 되어야 정혜가 함께 합니다. 이를 스스로 알아 수행하는 게 참선입니다. 간화선도 여기서 출발합니다."

법산 스님은 정혜를 등불에 비유했다. 정은 등불이요, 혜는 불빛이다. 등불은 불빛의 체體가 되고, 불빛은 등불의 용用이다. 등불 없는 불빛도, 불빛 없는 등불도 있을 수 없다. 등불과 불빛 이름은 서로 다르지만 본래 하나이듯 정혜 또한 하나라는 설명이다.

"선 참구는 일상생활에서도 꾸준히 해나가야 합니다. 일행

삼매一行三昧라 하지 않습니까. 정혜는 좌복 위에서만 발현되는 것이 아니라 밥 먹고 물 마실 때도 발현합니다. 마음을 어디에 두느냐에 달려 있습니다."

백장선원 운력 일화를 소개하며 미소를 잃지 않았던 연유를 조금은 알 법하다. 운력과 수행이 어디 둘이던가. '안녕하세요' 대신 '관세음보살' 인사를 하는 이유도 읽혀진다. 관세음보살 한 번 염하는 순간 상대도 한 번쯤 관세음보살을 떠올릴 수 있지 않겠는가. 물론 관세음보살님의 가피가 있기를 바라는 마음도 함께 할 것이다. 더 중요한 것은 법산 스님 스스로 관세음보살을 일상에서 염하며 자신을 반조하고 있다는 사실이다.

"관세음보살을 마음에 새길 때 모든 걱정근심은 사라지고, 중생을 아끼는 잔잔한 미소가 제 얼굴에 떠오릅니다."

관세음보살을 닮아가려 함이다. 법산 스님의 책《말 있는 곳에서 없는 곳으로》에 의미 깊은 일화가 있다. 대만 유학 당시 스님은 거처할 곳이 마땅치 않아 기숙사와 연구소, 사무실 등에서 임시로 머물렀다. 그래서 찾아간 곳이 혜일강당慧日講堂이란 절이었다. 중국불교의 거목 인순대사印順大師(1906~2005)가 상주하던 절이다.

불연佛緣의 힘이었을까. 혜일강당 주지 여허如虛 스님이 제안했다. "우리 출가제자는 한국이든 중국이든 똑같은 부처님 제자이니 같이 살면서 수행하시지요!" 법산 스님은 흔쾌히 승낙했다. 주지실에서 나온 법산 스님은 법당으로 가서 부처님께 감사의 절을 올렸다. '이렇게 물 설고 말 설은 이국 타향에서도 부처님의 자비로운 은혜로 어려움을 해결해주시니, 그저 감사할 따름입니다.'

법산 스님의 따뜻한 신심이 전해져 온다. 부처님께서 걸었던 길을 걷는 우리에게 신심은 얼마만큼 중요할까? 신심을 사람의 손에 비유한 《화엄경》 한 구절 들려준다.

사람은 손이 있기에 보산寶山에 들어가
마음대로 보배를 취할 수 있다.
신심 있는 사람은 신심으로 인하여
불법에 들어가 마음대로 보배를 취한다.

용수(龍樹, Nagarjuna) 스님도 《대지도론大智度論》을 통해 신심의 가치를 설파했다.

신심 없는 사람은 보배산에 들어가도 취할 것이 없다. 삭발염의해도 신심이 없다면 법해法海 한가운데로 들어갈 수 없다. 마른 나무에 꽃과 열매가 맺힐 수 없듯이 사문과沙門果(수행자가 도달한 경지)를 얻을 수 없다.

법산 스님은 신심을 돈독케 하는 다양한 방편이 있지만 무엇보다 자신이 얼마만큼 소중한지부터 사유해보라 권한다. 자신을 알아야 타인의 고귀함도 알 수 있기 때문이다.

"이 세상 모든 것은 '나'를 중심으로 형성된다고 믿어야 합니다. 내가 있으므로 이 세상이 존재하는 것이요, 내가 건강하므로 모두가 건강해지는 것입니다. 이 세상이 아름답고 고귀한 것으로 충만하다 해도 '나' 하나 없으면 상관없습니다. '나'로 인해 모든 것이 있고, 이 세상 모든 것으로 인해 '나'라는 것이 존재합니다. 따라서 이 세상의 모든 '나' 또한 '나'만큼 고귀합니다."

생명의 존엄성과 그 연관성, 즉 상생을 말함이다. 그렇다면 내가 어떤 마음으로 어떤 길을 가느냐에 따라 세상은 변하는 것이리라.

벽송사에서 첫 안거를 마친 법산 스님은 2006년 10월부터 '《금강경》 10만 독송'을 발원했다. 인도불교에서 선불교까지 아우른 대학자가 독송 발원을 세운다는 게 이채롭다.

"상相을 여읜다는 것. 이치로는 알 수 있지만 체득하는 건 쉬운 일이 아닙니다. 혹, 체득되었다 해도 세파에 이끌려 한순간에 무너질 수도 있습니다."

정진이다. 《금강경》 한 구절 한 구절을 깊이 사유하며 자신을 반추해본다는 뜻이다. 그 과정에서 캐낸 《금강경》 정수가 궁금하다. 언젠가 그 법이 세상에 전해지리라.

가정형편상 중학교 입학이 어려웠던 법산 스님은 "절에 가면 공부할 수 있다"는 할머니 한마디에 출가를 결심했다. 경남대 전신인 마산대학 재학 시절 "산스크리트어를 공부하고 싶다면 문법을 독파하라"는 김도완 교수의 한마디에 산스크리트어 문법책을 몽땅 외워버렸다. 남다른 산스크리트어 실력에 놀란 서경수 교수가 "동국대학교 인도철학과로 편입학해보라"는 권유에 곧바로 상경했다.

인도 유학을 준비하던 당시 '오래지 않아 중국과 교류하게 되면 학문적으로 해야 할 일이 많을 것'이라는 탄허 스님의 조언에 곧바로 대만 유학도 결정했다. 이처럼 스님은 자신을 아끼는 어른이 '해보라' 하면 조금의 망설임도 없이 실행에 옮겼다. 무서운 결단력이다.

법산 스님이 가는 길목이라 해서 역경이 없었던 건 아니다. 하지만 스님은 주변의 제반 상황을 인욕하며 묵묵히 자신의 길을 걸었다. 아마도 그 동력은 두터운 신심일 것이다. 불교학을 공부하는 후학들에게 수행을 강조한 이유를 조금은 알 듯하다. 교단과 선방을 오가라는 뜻이 아니다. 불교학을 공부하는 궁극적 이유, 교학을 연구하는 동안 자신은 어떻게 변화해가는지 살피라는 뜻이다.

선과 교를 넘나드는 법산 스님은 어디 한 곳에만 머무르지 않을 것이다. 그저 스님만의 길을 걷고 또 걸을 것이다.

2011년 하안거 해제 전날 새벽에 백장선원에서 쓴 시 〈활로
活路〉가 와 닿는다.

말을 떠나 생각 끊어졌는데 무엇을 찾으려는가
백 장의 대나무 끝에서 한 발짝 더 나가라
끊어진 곳에서 살아날 활로를 얻으니
푸른 산 고운 물에 흰 구름 깃들이네
離言絶慮求何物 百丈竿頭進一步
絶處逢生得活路 山紫水麗白雲棲

철해종광鐵海宗光 스님

1968년 사미계 수지. 1983년 법주사 불교전문강원 강주, 1995
년 실상사 화엄학림 강주 역임. 지역 장애인들을 위한 복지증진
에 기여한 공로를 인정받아 2008년 '경주시 문화상'(사회 부문),
2009년 '대통령 표창'을 수상했다. 저서로는 법문집《사랑할 시
간은 그리 많지 않다》(공저) 수행에세이《그럼에도 불구하고 사
랑합니다》선어록 강설집《임제록》이 있다. 현재 경주 기림사 지
족암에 주석하고 있다.

깨달음은 늘 깨어있는 것

경주 기림사祇林寺 주지 종광宗光 스님은 소임을 마친 직후 '물 소리 좋다'며 기림사 계곡 따라 산속으로 좀 더 깊이 들어갔다. 솔향기 진한 숲속에 지족암知足菴을 세우고, 절경 속에 암자만 있는 게 못내 아쉬웠던지 오솔길 끝에 자소정自笑亭 하나 더 지었다. 토함산에서 시작된 물은 계곡 따라 내려오다 지족암과 기림사를 거쳐 세간으로 나간다. 석굴암 부처님 말씀 또한 물길에 얹혀 흘러오는데, 팔만법음 한 소절 건져 올려 다관에 담아 음미해보려 자소정을 지은 듯하다.

비약이 아니다. 조계종 중앙종회의원, 기림사 주지 다 내려놓고 지족암 자소정에서 차 한잔하던 종광 스님은 어느 날 선어록 강설집 《임제록臨濟錄》을 들고 세간에 나왔다. "실력은 미흡하지만 임제선사의 뜻을 다함께 나누고 싶었다"고 했다. 강백講伯 눈에 임제는 어떻게 비춰졌을까. 임제마저도 단칼에 가를만한 번득이는 활인검活人劍 하나 얻어볼 요량으로 지족암을 찾았다.

종광 스님이 사미계를 받은 것은 1968년이지만 입산은 훨씬 이전이다. '절에 안 가면 단명한다'는 말에 동진출가했다는 전언도 들었던 터라 그 연유가 궁금했는데 "절과의 인연은 절로 됐다"며 웃음 짓고 만다.

종광 스님이 처음 강석講席에 서게 된 건 1980년대 초반 법주사와 인연을 맺으면서 비롯됐다. 절 형편이 어려워 수년이 지나도 문을 열지 못하는 법주사 총지선원總持禪院. "종광, 자네라도 가 앉아 있으라!"는 불국사 조실 성림월산聖林月山(1913~1997) 스님의 당부를 받들어 선원으로 들어갔다. 그즈음, 법주사 강원講院 강주講主(경문의 뜻을 풀어 가르치는 법사)를 맡고 있던 운성雲惺 스님이 송광사로 가게 됐다. 당시 주지였던 월탄月誕 스님이 종광 스님이 머물고 있던 법주사 염화실로 찾아왔다.

"우리 문중에 강주스님이 없으니 맨날 외부에서 모셔와야만 해! 이젠 그것도 힘들어."

금오金烏 문중에 강주스님이 귀했던 건 '선 수행에 진력하라'는 금오태전金烏太田(1896~1968) 스님의 선풍이 워낙 강렬한

데 기인한다. 탄식만 하던 월탄 스님이 말씀을 멈추고는 종광 스님을 지긋이 바라보았다.

"자네, 전강傳講 받았지?"

스승이 앉아 법을 폈던 강석을 제자에게 전하는 것을 전강이라 한다. 전강식을 통해 전강을 받았다는 건 후학들에게 경론을 펼 수 있는 자격이 충분함을 인정받은 것이다.

종광 스님의 전강 은사는 학봉學峯 스님이다. 동화사 강원에서 명망이 높았던 학봉 스님은 아궁이에 불 한번 때 드리려 해도 "내가 직접 해야 불 조절 할 수 있다"며 한사코 사양했었고, 평생 시자 한 사람 두지 않고 밥 짓는 일부터 양말 한 쪽 빼는 일까지 직접 챙겼다고 한다. 월탄 스님이 '전강 사실'을 들춰낸 건 법주사 강원을 맡아달라는 당부다. 문중 어른의 요청을 마다할 수만은 없어 월산 스님에게 이 사실을 전했다.

"자네가 할 일이라 생각하면 해야지!"

1983년 법주사 불교전문강원 강주로 처음 교단에 선 스님은 실상사 화엄학림華嚴學林 강주까지 역임하며 10년 동안 후학을 양성했다.

종광 스님이 《임제록》과 첫 인연을 맺은 건 1972년 동화사 조실로 주석하던 서옹西翁(1912~2003) 스님이 금당선원金堂禪院에서 《임제록》을 설하던 때이고, 두 번째 인연은 1979년 송광사에서 일우一愚 스님이 설한 '《임제록》 법석'에 참여하며 맺어졌다. 누구보다 임제를 적확히 꿰뚫었던 선사로 칭송받은 서옹 스님은 임제의 무위진인無位眞人에 착안해 '참사람 정신'을 세상에 설파했다. 일우 스님 또한 승속의 경계마저 허물며 선의 진면목을 전했던 선사다. 선교겸수禪敎兼修, 내외명철內外明徹했던 두 선지식으로부터 '임제 소식'을 전해들은 건 종광 스님의 큰 복이다.

"조계종 스님이 입적하면 빼놓지 않는 축원이 있습니다. '황매산 아래서 스스로 부처님과 조사들의 심인을 전해받고 임제 스님 문중에서 영원한 인천의 안목이 되어주소서!' 다시 사바세계로 돌아와 임제의 뜻을 이어달라는 겁니다. 임제를 향한 조계종의 존경심을 대변합니다."

내로라하는 역대 선지식들 모두가 임제를 존경했다 하니 엄청난 깨달음을 얻었을 듯 싶다. 종광 스님은 임제의 깨달음을 말하기 이전에 분명하게 살펴야 할 게 있다며 임제의 확철대오廓徹大悟 과정에 초점을 맞췄다.

임제를 깨달음의 세계로 처음 이끈 건 황벽희운黃檗希運(?~850)선사가 아니라 선원의 선배 목주도종睦州道蹤 스님이다. 임제가 공부를 하고도 법거량을 하지 않자 목주는 방장스님께 여쭤보라며 임제의 등을 떠민다. 황벽에게 '불법의 대의'를 세 번 물었던 임제는 세 번 모두 흠씬 두들겨 맞는다.

"참 순진한 임제입니다. 선배가 가보라 하니 묵묵히 가지 않습니까? 천지를 호령했던 임제선사도 시작은 이렇게 조촐했습니다."

두들겨 맞고 낙담한 임제가 하산하려 하자 황벽은 "대우大愚 스님에게 가보라!" 일러준다. 임제를 만난 대우 스님이 호령한다.

"황벽 스님이 노파심으로 너를 위해 정성을 다해 가르쳤건만 너는 나에게까지 와서 허물이 있는지 없는지 묻느냐?"

이 한마디에 임제는 '황벽불법무다자黃檗佛法無多子' 즉 "황벽의 불법이란 바로 이런 것이구나!" 하며 깨쳤다.

종광 스님도 그 일면을 누구보다 잘 알고 있다. 1978년 송광사 선방에서 정진할 때였다. 어느 날, 법당과 도량은 물론 그림자처럼 펼쳐져 있던 조계산마저 사라졌다. '아, 이것이 깨달음이구나!' 송광사 방장 구산 스님에게 달려가 고했다.

"제가 깨달았습니다."

"무엇을 깨달았느냐?"

"일체가 탕연공적蕩然空寂하다는 사실을 깨달았습니다."

구산 스님이 "이리 오라"며 슬며시 종광 스님의 손을 붙잡았다. 그때, 기특하다며 머리 한번 쓰다듬어주는 줄 알았지만 방석 밑에 있던 몽둥이로 사정없이 때렸다.

"아프냐?"

"예 아픕니다."

"방금 탕연공적하다 하지 않았느냐. 주관과 객관이 모두 사라졌을 터인데 어떻게 아픈 놈이 있을 수 있겠는가?"

구산 스님의 가르침이 아니었다면 평생의 살림살이는 '반딧불 탕연공적'으로 끝났을 거라고 회고한다. 수행 중 한 번쯤 직면할 수 있는 체험에 호들갑 떨 일이 아니다. 종광 스님은 더 중요한 게 있다며 임제의 대오 과정을 이어갔다.

대우 스님이 이른다.

"오줌싸개 같은 놈아, 조금 전 허물여부를 따지더니 이젠 황벽의 불법을 말하느냐? 무슨 도리를 보았는지 빨리 말하라!"

대우의 다그침에 임제는 대우의 옆구리를 세 번 쥐어박는다. 황벽의 문하로 돌아온 임제는 대우 스님과 벌어진 일을 고한다. 이에 황벽의 호령이 떨어졌다.

"대우 이놈, 따끔하게 한 방 먹이겠다."

말이 끝나기 무섭게 임제는 "기다릴 것 없다"며 황벽의 뺨을 후려친다. "미친놈이 호랑이 수염을 뽑는구나!" 하는 스승의 일갈에도 주눅 들지 않고 "할喝!"로 맞섰다. 확철대오한 임제였기에 스승과의 법거량에서도 당당하게 맞설 수 있었던 것이리라. '덕산 방棒'에 이은 '임제 할喝'은 이렇게 태동했다.

"느닷없이 세 번이나 맞고도 임제는 황벽이나 목주를 원망하지 않습니다. 오히려 재주 없음을 자탄합니다. 하지만 호랑이가 되어서는 스승을 늙은이라며 뺨도 때립니다. 제자의 당돌함마저도 기백으로 인정하며 흡족해 하는 황벽의 너그러움 또한 일품입니다. 선은 사람과 사람의 만남 속에서 이뤄집니다. 스승과 제자, 도반과 도반 사이에서도 '법'을 놓고 불꽃 튑니다. 선에 드라마틱한 활력과 반전이 있는 것은 이런 생명력 때문입니다. 선문선답禪問禪答의 문맥을 관통하는 건 권위가 아니라 진리입니다. 선의 자유로움과 호방함은 여기서 시작합니다."

진리를 향한 발걸음 앞에 권위가 가로막고 있다면 그 무엇이든 당장 거둬버리라는 뜻이리라.

"선과 연관된 모든 권위와 위선도 털어버려야 합니다. 부처나, 조사들의 권위마저도 인정하지 않는 게 살불살조殺佛殺祖입니다. 연극 무대서 판사 역할 한다고 법정에서 판결 내릴 수 있는 게 아니듯, 황벽의 말에만 현혹되어 헤매면 황벽 흉내밖에 못 냅니다. 진리를 얻고자 한다면 고정관념부터 부숴버리라고 임제는 말하고 있습니다."

종광 스님은 우리 선문禪門이 깨야 할 첫 고정관념은 '깨달음 지상주의'라고 논파했다. 한국 선에서 횡행하고 있는 깨달음은 너무 추상적이라는 지적이다.

"초전법륜 당시 부처님은 다섯 비구에게 사성제를 설한 후 '이 세상에는 여섯 명의 아라한이 있다' 하셨습니다. 깨달음에 대한 규정이 더 이상 필요한가 말입니다. 당장, 세상 뒤엎을 것 같은 깨달음, 깨닫기만 하면 무슨 짓을 해도 그대로 법이 된다는 식의 인식은 곤란합니다. 그러한 사고체계는 당장 깨부숴야 합니다."

잘못된 인식의 조작으로 만들어진 깨달음이 오만과 편견을 낳는다고 했다. 일례로 '인가'의 참 의미는 새겨보지도 않으면서 형식적 인가에 따라 도인 여부를 판단하려는 세태가 이를 반증하고 있다.

"자신의 살림살이는 자신이 잘 압니다. 자아성찰, 회광반조는 간과한 채 선종 오가칠종五家七宗 선맥도에 자신을 꿰맞춰 권력과 권위를 얻으려는 처사는 하루빨리 사라져야 합니다. 그런 식의 계보라면 조선시대 양반 족보와 다를 바 없습니다. 황벽이 임제에게 인가의 증표로 선판을 주려하자 임제는 시자에게 불을 가져오라 했습니다. 태워버리겠다는 겁니다! '내가 바로 선 이상 스승의 그림자 또한 필요 없다' 이겁니다. 임제는 '깨달은 상태'를 말하는 게 아니라 '늘 깨어있으라'는 가르침을 전하고 있다는 사실을 명심해야 합니다."

화를 내고 미워하고 분노하고 시기질투하며 괴로워하는 우리에게 임제가 '어디를 가든지 그곳에서 주인이 되면, 서 있는 그곳이 진리가 된다' 한 이유가 여기에 있다.

"임제선사가 신이든 부처든, 절대를 인정하지 않는 이유는 하나입니다. 인간의 참 가치를 전하고자 함입니다. 신이 되자는 게 아닙니다. 참다운 인간성을 회복해 다 함께 행복하게 살자는 겁니다."

종광 스님의 《임제록》에서 활인검은 없다. 물음만 있을 뿐이다. '우리는 지금 참다운 인간이 되려고 노력하는가?' '내 도반과 이웃의 손을 잡고 멋진 세상을 가꿔보려는 단 하나의 실천이라도 하고 있는가?'

그 물음에 상응하는 답을 스스로 얻었을 때 반야검般若劍이 쥐어질 것이다. 자소정 주련이 다시 눈에 들어온다. 임제선사와 봉림선사의 선문답에서 갈무리 된 선구가 기둥에 새겨져 있다.

산을 홀로 비추는 둥근 달은 고요하기만 한데
스스로 웃는 외마디에 천지가 놀라는구나
孤輪獨照江山靜 自笑一聲天地驚

자소정에 가을비 내리니 계곡 물소리 더 청량하다.

월운해룡月雲海龍 스님

1928년 경기도 율동 출생. 1949년 운허 스님을 은사로 득도. 1956년 해인사 강원을 졸업하고, 1957년부터 1961년까지 통도사 강사를 지냈다. 1965년 조계종 역경위원에 선임됐으며 1979년부터 1993년까지 중앙승가대 교수를 역임했다. 1993년 동국역경원장에 취임한 이래 한글대장경 사업에 전념해 고려대장경의 한글화를 선도했다. 역경보살로 칭송받는 스님은 현재 조계종 제25교구본사 봉선사 조실로 주석하고 있다.

어둠 속 보물도 등불 없으면 볼 수 없네

경기도 남양주 봉선사奉先寺 겨울이 유난히 차갑다. 조실 월운月雲 스님이 주석하는 별채 앞마당에도 찬바람이 가득하다. 조실당에 걸린 '능엄대도량楞嚴大道場' 현판은 서릿발 앞에서도 당당하다. 한문불전에 기록된 부처님 말씀으로 전법도생의 원력을 실현하는 도량이라는 자긍심을 '능엄대도량' 현판은 전하는 듯하다.

봉선사에는 한문불전을 수학·연구하고 번역 전문가를 양성하는 승가교육기관 능엄승가대학원(능엄학림)이 있다. 월운 스님이 1996년 설립했다. 《능엄경》만을 연구하는 교육기관이 아님에도 이름을 능엄승가대학원이라 한 이유가 있다.

봉선사가 배출한 걸출한 선지식 한 분을 꼽으라면 단연 운허용하耘虛龍夏(1892~1980) 스님이다. 출가 전 세속에 있을 때부터 일제의 침략에 맞선 항일투사였다. 3·1운동 직후인 1919년 4월부터 12월까지 독립군정기관지인 한족신보韓族新報 사장에 취임하여 신문을 간행하고, 1920년에는 독립운동기관인 광한단光韓團을 조직해서 활동했다. 일본 경찰의 감시를 피해 강원도 봉일사鳳逸寺로 은신하며 불연을 맺었다.

1921년 강원도 유점사에서 득도得度한 운허 스님은 팔만대장경 번역불사를 평생 원력으로 삼았다. 1961년 국내 최초로 불교사전을 편찬하고 1964년에는 동국역경원을 설립한 장본인이다. 1936년 봉선사에 홍법강원弘法講院을 설립하여 후진양성에 매진한 당대 제일의 강백 운허 스님은 《능엄경》의 대가이기도 했다. 대학원 이름은 여기에서 착안한 것이다.

조실당에 들어서서 예를 올리니 "난 지금 천강에 비친 달이 아닐 텐데……" 하면서도 벽 한 면을 가득 채운 300여 권의 한글대장경을 어루만지며 의미 깊은 한마디를 건넨다.

"이 대장경도 한 번 더 새롭게 태어나야 하는데……."

고려 때인 1236년 시작해 1251년 완성된 해인사 팔만대장경은 국보 제32호이면서 유네스코 세계문화유산으로 등재됐다. 그러나 그 대장경은 한문으로 새겨져 있다. 이 방에 진열

된 부처님 말씀은 그 한문대장경을 한글로 번역한 한글대장경이다. 1964년 동국역경원 개원식과 함께 번역 불사가 시작돼 2001년 완간됐다.

이것은 원력이며 불심 그 자체다. 고려시대의 불심과 현대의 원력이 하나 되어 탄생한 대장경이며, 한국 문화의 꽃이요 불교의 정수다. 이 꽃을 만개하게 한 주인공이 '역경보살譯經菩薩' 월운 스님이다.

월운 스님의 회고를 따라 잠시 과거 역경譯經의 시간을 거슬러 가본다. 조계종과 태고종의 분규가 갈무리된 직후인 1962년 대한불교조계종이 출범했다. 당시 조계종은 도제양성徒弟養成, 포교布教, 역경譯經을 3대 사업으로 선포했고, 그 선언은 지금도 진행 중이다.

"도제양성과 포교와는 달리 역경은 어려웠지요. '팔만대장경을 보고 싶으니 제발 좀 한글로 번역해 달라'는 사람이 없었거든요. 수요자도 없는데 공급자가 '이건 꼭 필요한 거야'라며 나선 겁니다. 그러니 당장 역경할 장소도, 번역가를 양성할 곳도 마땅히 없었습니다."

역경불사 선포 3년째인 1965년 우여곡절 끝에 당시 종정 효봉 스님과 김법린金法麟(1899~1964) 동국대 총장, 그리고 운허 스님의 합의에 따라 동국대학교 부설로 역경원이 설치됐다. 역경원이 종단 직속 기관이 아닌 동국대 부설기관으로 설치된

데에는 깊은 뜻이 있었다.

"역경불사의 원만한 회향을 위한 간절한 바람 때문이었지
요. 당시 종단 상황은 안정된 형국이 아니었으니 종단 대소사
에 역경불사가 흔들리지 않도록 방편을 썼던 겁니다."

이후 초대 역경원장 운허 스님, 2대 원장 영암映岩 스님, 3대
원장 자운慈雲 스님이 역경불사를 이끌었다. 특히 운허 스님과
석주昔珠(1909~2004) 스님이 쏟은 정성은 상상을 초월했다고 한
다. 완간된 대장경이 총 318권인데 두 스님의 역량에 힘입어
1980년까지 80권이 출간됐다.

"석주 스님이 대장경 유통을 맡아주셨는데 그 일이 정말 고
된 일이었습니다. 번역보다 더 힘든 일이었지요. 우리가 흔히
말하는 개발도상국 시절 아니었습니까. 각자 살기도 어려운
시절에 대장경을 보급하고 재원을 마련하려 했으니 그 고충을
어찌 말로 다할 수 있겠어요."

다시 태어나도 역경에 전념할 것이라고 평소 소신을 밝혔
던 운허 스님처럼, 석주 스님 역시 동국역경원 개원 40주년 기
념법회에서 역경불사에 대한 지대한 관심과 지원을 당부한 바
있다.

"어둠 속에 보물이 있다 해도 등불이 없으면 알아볼 수 없
습니다. 부처님 말씀 전해주는 이가 없으면 아무리 지혜로워
도 알아볼 수 없습니다."

운허 스님의 역경 원력을 고스란히 이어받은 월운 스님은 1993년에 4대 동국역경원장으로 취임했다. 이후 1994년부터 매년 3억 5천만 원씩 6년간 정부 지원을 받아 한글대장경 318권 전권을 간행했다. 이후에도 완역된 한글대장경의 수정을 위해 다시 매년 4억 원씩 8년간의 지원을 얻어 냈다. 이뿐만이 아니다. 역경후원회를 조직해 불자들의 성원도 이끌어냈다.

운허 스님 등의 선각자가 '역경 씨앗'을 심어 묘목으로 성장시켰다면 월운 스님은 그 묘목을 거목으로 길러낸 인물이다. 318권이라는 대장경 열매는 후학들은 물론 현대인에게도 부처님의 감로수를 제공하고 있다. 이러한 결실을 맺기까지의 여정은 고난했다.

정부 지원금만으로는 역경불사가 회향될 수 없음을 직시한 월운 스님은 재원 확보를 위해 전국 백방으로 뛰어다녔다. 법문을 요청 받아 간 사찰이나 단체에서도 '1천 원 보시'를 당부했다. 주위 지인들에게 '도인 한 명 나오면 만사형통인데 왜 그 고생을 하느냐?'는 소리도 들어야 했다.

"한때는 핀잔만 듣는 내가 누구인가 자문해보기도 했습니다. 혹, 명분 없는 일에 공연히 나서 고생만 하는 게 아닌가 하는 허탈함도 있었지요. 그러나 선인들이 종단 사업지표로 삼고 이 일을 시작하신 뜻을 헤아려보았지요. 선인들이 그토록

애썼던 불사를 제 자신이 어렵다는 이유만으로 중단할 수는 없었습니다."

1년에 책 다섯 권 내지 일곱 권을 내면서 점차 선인이 말한 역경의 중요성을 가슴에 새길 수 있었다.

"한글대장경이 주는 궁극의 의미는 무엇일까요? 깨달음입니다. 부처님 닮아가려는 사람들에게 지표가 되어주는 겁니다. 하지만 대장경은 여기서 끝나지 않습니다. 불법의 바다에 배 한 척 띄워 놓고 '사유의 그물'이라도 던져보면 그 바다 속에서 알알이 빛나는 진귀한 보물들을 건져낼 수 있습니다. 손에 든 보물을 활용하는 데 따라 문학, 철학, 건축, 음악, 미술 등을 생성할 수 있습니다. 대장경은 법의 보고요 철학의 보고이며, 문화 예술의 보고입니다."

이미 출간된 팔만대장경을 두고 "다시 태어나야 한다" 한 이유가 궁금하다.

"번역에 온 정성을 기울였지만 교리·선리에 좀 더 적합한 윤문이 필요합니다. 한문 직역 너머의 뜻까지도 올곧이 전해야 하거든요. 오·탈자도 더러 보이고요. 글씨가 너무 작아 현대인들이 보기에는 어려움이 있습니다. 전 권은 아니더라도 사부대중이 좋아하거나 자주 보는 책을 중심으로 새롭게 나왔으면 해요."

월운 스님이 많은 고난에 직면하서도 선인의 뜻을 잊지 않고 난제들을 하나씩 극복할 수 있었던 것은 우직하면서도 고집스러운 스님만의 독특한 기질에 기인한다. 일찍이 제자의 심성을 간파했던 은사 운허 스님은 제자에게 역경에 매진하라는 말과 함께 다음과 같은 글귀를 친필로 전해주었다.

시비의 바다에 온몸을 던지고,
표범과 호랑이 무리 한가운데서도 걸림 없이 행하라
是非海裏橫身入 豹虎彙中自在行

산사 주련으로도 가끔 보이는 명구다. 확고한 의지가 섰다면 '무소의 뿔처럼 혼자서 가라'는 뜻이 담겨 있다.

"시비에 휘말리지 않으면 좋겠지요. 하지만 시비를 피한다고 능사가 아닙니다. 호랑이가 있다 해서 숨어봐야 그 공포까지 감출 수 있는 건 아니거든요. 시비가 밀려오면 헤쳐가고, 호랑이가 나타나면 그 자리서 때려 눕혀야 합니다."

핀잔과 고난을 인내와 용맹으로 맞섰기에 대장경 불사가 가능했을 터다. 월운 스님은 틈나는 대로 번역 작업에도 매진해《염송설화拈頌說話》(전10권)《원각경주해圓覺經註解》《금강경강화金剛經講話》등 다수의 저서도 선보였다. 월운 스님은 팔만대장경 역경불사를 하며 무엇을 얻었을까?

"선가에서는 반연攀緣이나 경계境界라는 말로 예를 듭니다.

저는 '멈춰라', 'STOP'을 말하고 싶습니다. 어떤 상황에서도 내 감정을 멈출 수 있느냐 하는 겁니다. 상대방이 걸어오는 시비에 분노가 이는 것은 어쩔 수 없다 해도 그 분노를 내 자신이 당장 멈출 수 있는가 하는 문제입니다. 컨트롤 해야지요."

월운 스님은 나아가 가치 기준이 상충했을 때 공동선共同善의 방향을 선택하느냐 하는 것도 중요한 문제라고 했다.

"길흉화복吉凶禍福은 밖에서 오는 게 아니라 자신의 용심用心이 반사되어 되돌아오는 것입니다. 순간순간에 밀려드는 경계를 어떻게 타파할 것인가? 이는 어떤 견해로 판단하고 어떤 결정을 내려 행동에 옮기느냐에 달려있습니다.

불법에 따른 정견을 갖췄다면 그 결정 역시 부처님 법에 맞아떨어져야 합니다. 내 가족은 물론이고 내 이웃과 국가, 세계를 위한 결정이라도 부처님 말씀에 어긋남이 없어야 합니다. 따라서 저는 가치기준이 상충했을 때 공동선을 향한 결정을 내리라고 당부합니다. 살아가면서 마음을 어떻게 쓰고 과보가 어떻게 오는지를 안다면 수행에 큰 도움이 됩니다. 불제자라면 정인정과正因正果의 인과법칙을 믿어야 합니다."

월운 스님은 불제자로서 수행에도 힘쓸 것을 주문했다. 스님이 말하는 수행이란 부처님의 법문을 듣고, 스스로를 비추어보아 자기 삶을 수정함으로써 깨달음에 이르는 '문사수聞思修'를 말함이다. 특히, 매일 새벽이나 저녁에 경전 펼치는 것을 습관이 될 정도로 부처님 말씀에 귀 기울여보라고 당부했다.

　동국역경원을 떠난 월운 스님은 어느 법석에서 도연명陶淵明의 〈귀거래사歸去來辭〉를 전하며 "역경원에서 물러나니 도연명이 느꼈을 홀가분한 심정을 비로소 알 수 있었다"고 한 바 있다.

　구름은 산골짜기를 돌아 나오고
　지친 새들은 둥지로 돌아올 줄 안다
　雲無心以出鳥 倦飛而知還

　찬바람이 스쳐가는 순간 한마디를 전한다.
　"내 살아온 얘기 그리 중요치 않아요. 불자님들의 역경후원 손길이 끊어지지 않도록 힘써줘요!"

원허지운圓虛智雲 스님

1991년 운성雲惺강백으로부터 전강 받았다. 2004년 성우·율사로 부터 전계傳戒를 받았다. 송광사, 동화사 강주와 조계종 교재편 찬위원, 조계종 단일계단 교수사를 역임했다. 현재 조계종 단일 계단 계단위원, 팔공총림 동화사 율주이며, 경북 성주 보리마을 자비선 명상원 선원장을 맡고 있다. 저서로는《뿌리 없는 나무에 핀 꽃》《원측소에 따른 해심밀경》《명상1-깨달음을 논하다》《명상2-지혜를 논하다》등이 있다. 그리고《명상, 茶를 논하다》를 준비하고 있다.

연기도 마음이요 공도 마음이라

경북 성주에 자리한 보리마을 자비선사慈悲禪寺로 향하는 길에 옛 기억이 떠올랐다. 지운智雲 스님의 강론집《뿌리 없는 나무에 핀 꽃》은 2002년 세상에 선보였다. 처음 그 책을 접했을 때 '제1장 깨달음의 교리적 이해' 부분을 펼친 순간 어렵다는 핑계를 대며 바로 덮어버리는 어리석음을 범했다.

다만 '제3장 부처님 근본정신으로 돌아가자'에 포함된 '다선일미茶禪一味에 대한 이야기' 한 편을 차분히 읽어본 기억은 또렷하다. 차를 마시는 형식에 매이지 않으면서도 그 자체를 수행으로 연결하는 방법론을 제시했다. 글 말미에 쓴 단문과 시 한 편은 지금 보아도 일품이다. '차 한잔에 서로가 하나 되어 모임을 이루는 것은 상즉상입 진리의 모습이며, 진흙에서 연꽃을 피우는 수행'이라며 쓴 시 〈빈 마음 차(空心茶)〉다. 3연 으로 된 시 마지막 부분을 보자.

다각茶角이 정성스럽게 차를 우려내어
손님에게 차 공양 올리니
온갖 상념 비우는 소리 들리고
공양 받는 손님도 빈 마음 되지요

길 떠나기 전 그 강론집을 다시 보고 싶었지만 찾을 수 없 어 못내 아쉬웠다. 오늘 묻고 싶은 것은 지운 스님이 시어로 선 택한 '빈 마음'이다. 공空과 심心. 그 둘의 상관관계를 안다면 경전과 어록 공부는 물론 수행에도 좋은 나침반이 되리라.

마침, 스님은 《원측소를 따른 해심밀경海深密經》을 번역하 고, 이어 '자비선慈悲禪(자비수관慈悲手觀, 자비공관慈悲空觀, 자비다선 慈悲茶禪, 자비경선慈悲鏡禪)'을 체계화한 《명상, 깨달음을 논하다》 《명상, 지혜를 논하다》를 내놓았다. 이 저서에는 지관止觀에 대 한 지운 스님의 심오한 통찰이 배어 있다. 선禪에 자비가 들어 가는 데는 이유가 있을 것이다.

"전 세계에 일어나는 현상들을 볼 때 자비가 필요한 시대입 니다. 지구온난화, 환경오염과 환경파괴, 전쟁과 테러, 나라간의 무역전쟁, 가정폭력 등은 모두 고귀한 마음인 사랑(慈)과 연민(悲)이 없어서입니다. 사랑은 탐욕과 분노하는 마음을 없애고 도리어 상대에게 이익을 주는 능력입니다. 연민은 남을 해치려는 마음을 없애고 도리어 상대를 슬픔과 괴로움에서 벗어나도록 합니다. 탐욕과 분노, 해치려는 마음은 모두 파괴적인 성향을 불러옵니다. 그래서 개인의 폭력에서 지구온난화라는 지구적 폭력까지 모두 마음에서 비롯됩니다.

자비심은 무소유로서 소통하고 공감대를 형성시킵니다. 그래서 자비는 세계도처에서 자행되는 다양한 종류의 폭력을 종식시킬 수 있는 치료제입니다. 마음을 자비롭게 하는 것이 자비선 명상입니다. 물론 자비는 선정과 지혜를 전제로 합니다. 선정을 얻는 방법으로 사마타인 지止와, 지혜를 얻는 방법으로 위빠사나인 관觀이 필요합니다."

대소승법에 조예가 깊은 지운 스님이 전하는 마음과 공에 대한 법설은 어떤 맛일지 궁금했다.

지운 스님은 차 한잔 건네며 한마디 이른다.

"마음의 특성은 대상을 아는 것입니다."

무슨 뜻일까?

"연기가 마음이고 무상이 마음이니 공도 마음입니다."

오늘도 헤쳐가야 할 길이 캄캄하다.

"우리는 지나간 과거와 오지 않은 미래에 집착합니다.《숫타니파타》에서 '과거에 있었던 것(번뇌)을 지워버려라' 하지만 슬픈 기억이 일어나면 기쁘다가도 슬퍼하는 게 사람입니다. 또한 '미래에는 그대에게 아무것도 없게 하라' 하지만 궁극에는 내 자신이 어떻게 될까 하는 두려움이나 죽음 때문에 신을 찾고 변하지 않는 무엇을 찾으려고 합니다. 이 순간도 제대로 보지 못하는 그 마음이 미혹이고 그 미혹한 마음은 팔만사천의 번뇌를 일으킵니다."

경전과 선어록에는 팔만사천의 번뇌를 일으키지 않으려면 실상을 직시하라 했다.

"이 세계는 마음이 만들어 낸 세계입니다. 그렇다고 해서 '가짜 세계'라는 건 결코 아닙니다. 존재存在하지만 실체實體가 없는 세계란 뜻입니다. 지금 우리가 들고 있는 이 찻잔도 이 순간 변화를 거듭하고 있는데 어느 순간, 어디를 보고 찻잔이라 할 수 있겠습니까? 실체가 있다면 딱 짚어 말할 수 있겠지요. 무상의 견지에서 살펴보면 영원을 담보한 실체는 없습니다. 그럼에도 우리는 변하지 않는 실체가 있다고 믿습니다. 여기서 집착이 나옵니다. '실상을 직시하라'는 건 '무상을 체득하라'는 뜻이기도 합니다."

그 무상을 통찰할 수 있는 키워드는 분명 연기일 것이다.

"연기도 그냥 '이것이 있으므로 저것이 있다' 하고 끝내면 더 이상의 진척이 없습니다. 나와 찻잔, 나와 너, 나와 삼라만상을 시작으로 온 우주법계가 다 연기인 줄 알아야 합니다. 연기는 소통입니다."

나와 지운 스님이 만나 이렇게 무상을 말하며 서로 주고받음이 있으니 연기이다. 그렇다면 저 우주와는 어떻게 소통한단 말인가!

"흔히 무생물과는 소통하지 않는다 하는데 그 또한 착각입니다. 극미極微 입자도 관찰자에 의해 반응한다 하지 않습니까? 반응한다면 소통입니다. 입자가 반응하는데 우주 삼라만상이 서로 반응하며 소통하는 것은 당연한 얘기입니다. 이 세상에 홀로 존재하는 것은 아무것도 없습니다."

인드라 망 그 자체라는 얘기다. 그렇다면 무상과 연기를 아는 최상의 방편은 무엇일까. 스님은 의식이 지혜로 발현할 수 있도록 수행 단계를 정확하게 밟아가는 것이 중요하다고 했다. 첫 번째로 계율을 꼽았다. 8식 가운데 아뢰야식阿賴耶識을 제외한 안식眼識(시각), 이식耳識(청각), 비식鼻識(후각), 설식舌識(미각), 신식身識(촉각), 의식意識(인식), 말나식末那識(자아의식)은 밖의 경계(반연·자극)와 육체의 영향을 받기 때문이다.

"《능가경楞伽經》에 이르기를 경계의 바람이 불면 일곱 가지 마음 작용(識)이 인식기관(諸根)과 털구멍을 통해 파도같이 일어난다 했습니다. 일곱 가지 식이 육체와 연관을 맺어 작용한다는 얘기입니다. 계율로 육체를 제어하지 않으면 안 되는 이유가 여기에 있습니다."

스님은 8식 중에서 여섯 번째 '의식'에 초점을 맞췄다.

"불성佛性이란 진여眞如의 다른 이름일 뿐입니다. 부처의 성품, 즉 깨달을 수 있는 무한 잠재력을 말합니다. 그런데 보리심菩提心은 8식 가운데 여섯 번째인 의식에서 나옵니다. 아뢰야식과 말나식은 보리심을 일으키는 힘이 없고, 감각(안이비설신)은 너무 자주 변해 지속성이 없습니다. 따라서 의식을 깨워야 합니다. 그게 수행의 첫 단계입니다."

스님은 어떤 수행이든 '정념正念'이 중요하다 했다. 위빠사나에 비춰보면 '알아차림'이다. 생각은 형상을 인식한다고 한다. 그러나 그 형상 자체는 매 찰나 변하는데 생각 자체는 그 사실을 알지 못한다. 따라서 악업의 종자가 발생해도 이것을 알아차리지 못하고 방치하면 그대로 아뢰야식에 저장된다고 한다. 불교학계에서 논의되는 사안이지만 놀랍게도 대상에 반응해 인식이 일어나고, 대상을 인식하는 과정에서 이미지가 아뢰야식에 저장되는 시간은 17찰나라 한다.

"감각정보의 최소물질 단위가 1찰나에 생성, 지속, 소멸할 때 마음의 생, 주, 멸은 17찰나 동안 반복한다고 합니다. 사물이 한 번 바뀔 때 그 사물을 마음 대상의 이미지로 전환해 아뢰야식에 저장하는 인식 과정이 열일곱 번 있었다는 셈입니다. 이렇듯 종자가 빠르게 현행하는 그 찰나의 순간을 알지 못하면 몸과 입과 뜻으로 짓는 삼업도 알지 못하게 됩니다. 파멸의 길을 걷고 있어도 인지하지 못한 채 그대로 곤두박질치고 맙니다."

그러나 반대로, 그 찰나에 '자아'라 할 만한 고정된 실체가 없음을 안다면 종자가 아뢰야식에 저장되지 않으므로 파멸의 길을 멈출 수 있다는 얘기이기도 하다.

"생각이 빠르게 일어나고 사라지는 현상을 알아차린다면 변하는 대상에 대해 자기 생각을 개입시키지 않게 되며, 대상을 의도적으로 만들지도 않으니 업을 짓지도, 습을 만들지도 않습니다. 대상의 변화를 보고 알아차리는 생각이 바로 정념입니다."

지운 스님은 지관 수행을 할 때 꼭 알아야 할 것이 있다고 강조했다. 사유 통찰이다. 물론 그 이전에 일정 수준의 교리교학敎理敎學을 알아야 함은 물론이다. 교학을 이해하는 데 그치지 말고 그 뜻을 나름대로 사유하며 통찰해보라는 뜻이다. 간화선 수행을 하는 데 있어서도 이는 그대로 적용된다고 한다.

"간화선은 천재적인 발상의 수행법입니다. 선禪을 사유수思惟修라고 번역합니다. 사유로써 닦는다는 뜻입니다. 화두는 마음의 본성으로서 말과 생각 이전의 소식입니다. 모양과 색깔이 없습니다. 그래서 알 수 있는 방법은 사유를 통해서만이 가능합니다. 간화선의 시작은 지관 수행과는 태생이 다릅니다. 초기경전에는 첫째, 사마타를 닦고 난 뒤 위빠사나를 닦습니다. 둘째는 위빠사나를 닦고 난 뒤 사마타를 닦습니다. 셋째는 사마타와 위빠사나를 함께 닦는 것을 제시하고 있습니다. 그런데 붓다는 법문을 듣고 즉각 깨닫는 것을 제시합니다. 이것이 네 번째 방법인데 조사선은 여기서 출발합니다. 그러나 선사의 법문 한마디를 듣고 즉각 깨달으면(言下大悟) 좋겠지만 그렇지 못하기 때문에 조사의 언구를 참구하는 간화선이 나오지 않았나 생각합니다. 깨달음을 논할 때 수행을 해서 깨닫는다고 생각하지만 붓다는 새로운 깨달음이 없다고 합니다. 깨치거나 못 깨닫거나 상관없이 우리는 깨달음 속에 있다는 것입니다. '소를 타고 소를 찾는다'는 법문이 등장하는 이유이기도 합니다."

우리가 사는 이 세계는 알고 보면 깨달음 그 자체라는 뜻이다. 지운 스님은 연기緣起, 본각本覺, 원각圓覺, 진여眞如, 불성佛性, 중도中道, 열반涅槃, 법계法界, 본래면목本來面目, 일미一味, 일물一物, 일심一心, 화두話頭는 이름은 다르지만 모두 깨달음을 표현하고 있음을 알아야 한다고 강조했다. 이 모두가 '마음의 본성'을 지칭하는 말이라는 것이다.

"마음의 본성이라 말하면 몸과 상대되는 것으로 보고 바깥 세계와 상대되는 것으로 생각하기 쉽지만 그렇지 않습니다. 마음의 본성은 그대로 법(다르마)이며 삼라만상 온 우주가 그대로 마음 자체 성품입니다. 과학은 이렇게 말합니다. 우리는 사물을 볼 때 가시광선을 통해서 사물을 인식하는데, 눈에는 광수용체 유전자가 있습니다. 광수용체 유전자는 빛을 받아들이는 유전자인데, 짧은 것은 파랑으로 인식합니다. 중간파장은 녹색으로, 긴 파장은 붉은색으로 인식합니다. 이 세 가지 색깔을 더하고 빼면서 다양한 색채와 모양과 부피를 인식합니다. 실제 세계는 매 순간 찰나 생生 찰나 멸滅하는 파장의 세계라 모양도 없고, 색깔도 없는 세계입니다. 그럼 그것이 눈에 들어올 때 모양의 색깔은 누가 만드느냐? 인식하는 것은 마음이므로 마음이 만듭니다. 그래서 물리학자들은 '의식이 창조주다'라고 말합니다. '모든 것은 오로지 마음이 만든다'는 일체유심조一切唯心造와 맥이 통합니다. 그러니 보고 듣고 하는 이 세계는 마음이 만든 환영과 같습니다. 환영과 같다는 것은 자체의 성품이 없고 공하다는 것이며, 마음이 공하다는 것은 다르마임을 말합니다."

지운 스님은 '깨달을 게 없다', '닦을 게 없다'는 말에 담긴 의미를 적확히 알아야 한다고도 했다.

"깨치지 못하면 생사의 고통에서 벗어날 수 없고, 깨달으면 깨달을 것이 없어 무각無覺이라고 합니다. 또 닦고 보니까 닦을 것이 없어 무수無修라고 합니다. 이러한 경지에 이를 때 비로소 생사에서 벗어나 대자유인이 됩니다. 깨닫는 방법으로

서, 대승 사마타 수행은 마음의 본성이라는 일심一心(화두)에 대한 정견正見에 의지하여 일심을 아는 마음에 머물러 선정을 얻고, 선정에 의지하여 일심을 분석·사유하는 위빠사나로 공삼매空三昧를 얻고, 공삼매 속에서 무분별지無分別智를 얻으므로 깨달음을 이룹니다. 그러나 일심을 아는 마음에 머무는 등의 대승의 수행을 하는 것보다 화두(일심)의 궁극적인 뜻을 가진 조사의 언구를 참구參究하는 것이 쉽다고 보조국사는 이야기합니다. 그런데 조사 언구를 붙들고 참구하는 것도 사유입니다. 화두가 지극한 사유로 이루어졌을 때 소식이 빠릅니다. 그렇다고 화두를 사유하라는 말이 아닙니다. 여기서의 사유란 한 대상을 향하여 유지하려는 뜻이 있고 겨냥의 뜻이 있습니다. 화두를 간看하라는 간의 뜻도 사유의 힘입니다. 그래서 화두를 제대로 간하려면 무상, 무아, 연기, 공, 중도 등의 법을 심도 있게 사유·통찰해보라는 것입니다."

지운 스님이 전한 '연기도 마음이요, 공도 마음, 화두도 마음'이라는 말이 새롭게 들린다. 정견을 세워 연기와 무아를 통찰하면 훗날 화두 드는 데도 큰 도움이 될 것이다.

20년에 걸쳐 강원에서 응축한 공력을 자비수관과 자비다선 등의 자비선에 투영해 펼치는 연유를 이제야 알았다. 방편이다. 강의를 통해 불자들로 하여금 사유케 하고, 정념과 사유를 기반으로 한 자비수관을 통해 어느 정도 위치까지 올린 후 대승의 사마타 위빠사나로 안내하려는 것이다. 물론 그 정점에는 간화선도 자리하고 있을 터다.

간화선과 위빠사나 수행을 하지만 별다른 증득이 없는 도반들은 지운 스님을 찾아보시라. 새로운 숲길에 들어서는 경험을 할 것이다.

찾을 길 없던 《뿌리 없는 나무에 핀 꽃》은 스님이 강의를 위해 잠시 자리를 뜬 사이 1만여 권의 책이 꽂혀 있는 스님 서가에서 어렵게 찾았다. 지운 스님은 흔쾌히 그 책을 건넸다. 근기가 약해도 이젠 펼쳐 보아야겠다. 지운 스님의 사유라도 엿보고 싶기 때문이다.

각묵覺默 스님

경남 밀양 출생. 1979년 화엄사 도광 스님을 은사로 사미계 수지.
1982년 자운 스님을 계사로 비구계 수지. 7년 제방선원 안거 후
인도로 유학. 10여 년간 산스크리트, 팔리, 프라크리트 수학. 인
도 뿌나대학교 산스크리트어과 석사 및 박사과정 수료. 현재 실
상사 화엄학림 교수사 및 초기불전연구원 지도법사. 역·저서로
는《금강경 역해》《초기불교 이해》《초기불교 입문》《아비담마
길라잡이》(공역)《네 가지 마음 챙기는 공부》《디가 니까야》《상
윳따 니까야》《담마상가니》《위방가》등이 있다.

윤회에서 두려움을 보는 자, 비구

화두가 끊이지 않았다. 자다가 깨어나면 화두부터 챙겨졌다. 믿음과 확신이 생겼다. 화두 하나만 타파하면 깨달음에 이른다 하지 않았는가!

송광사 여름수련대회에 참가했던 대학 3학년 때의 일이다. 수련대회는 끝났지만 수행을 향한 열정은 더더욱 타올랐다. 선방에서 한 달만 밀어붙이면 생사마저도 뛰어넘을 것만 같았다. 결단을 내렸다. 화엄사 도광導光(1922~1984) 스님을 은사로 삭발염의했다. 어떤 일이 있어도 성내는 일이 없어 인욕보살로 칭송받은 그 도광 스님이다.

도광 스님과 용성조사龍城祖師(1864~1940)가 나눈 법거량은 제방선원에서 지금까지도 회자되고 있다. 도광 스님이 용성 노스님을 시봉하던 어느 날, 스승이 제자에게 물었다.

"마조馬祖가 백장百丈의 코를 비틈에 기러기가 어디로 갔느냐?"

"옴 마니 반메 훔, 천고의 대자대비요 만고의 달이 환히 밝으니, 인천이 한없이 이롭도다(六字大明王眞言 千古大悲 萬古月照明 無限利人天)."

'말 한마디에 깨닫는다'는 조사선의 가풍을 명징하게 보여준다. 1969년에 화엄사 봉천암과 구층암에 용맹선원을 열어 전국의 수좌들을 운집시켰던 장본인이다. 비문에 새겨진 일타 스님의 찬撰이 도광 스님의 품격을 올곧이 밝힌다.

'설상같은 계행과 온공겸양溫恭謙讓하고 검약탈속儉約脫俗하신 청백가풍淸白家風은 승단청규의 규범이었고, 자비와 인욕고행 그리고 지중한 보살심은 가는 곳마다 화합과 성숙을 꽃피웠으며, 반석같은 원력과 정진력은 후래後來의 귀감이었다.'

화두 타파 원력이 출가의 결정적 계기지만 중학교 3학년 때 맞이한 어머니의 죽음이 단초가 되었다. 허망감에 갈 길을 잃었다. 당장 의지해야 할 게 있어야 했다. 고등학교에 입학해서도 철학책을 뒤적였다. 그때 불교를 만났다. 사막에서 쓰러지기 직전에 찾아낸 오아시스와 같았다. 부산대학교에 진학해서도 불교학생회에 가입해 불자로서의 삶을 일궈갔다. 교화부장을 맡았던 청년은 수업 전에 매일 예불과 함께 《금강경》을 독송했다. 회원들의 교리공부 준비도 그의 몫이요, 법사 초청도 그의 몫이었다. 자연스럽게 영남지역 '큰스님'들과 인연을 맺어갔다.

어느 날, 삼묵 스님을 친견했다. 전율이 일었다.

'도인이란 이런 모습이구나!'

그의 법기法器를 간파했던 것일까? 삼묵 스님은 청년에게 《신심명》《증도가》《육조단경》 등을 가르쳤다. 기본 교리는 이미 터득했을 것이라 여긴 삼묵 스님은 청년을 선의 세계로 곧장 안내했던 것이다. '무자無字' 화두를 받았다. 생전 처음 받은 화두였지만 이내 성성하게 들렸다. 숙연宿緣이 아니고는 어림없는 일이다.

전공하던 수학이 눈에 들어올 리 없다. 법담이 아닌 일상적인 대화는 식상했다. 왠지 그동안 진짜가 아닌 가짜 세계에서 속고 살아온 것만 같았다. 그런 그가 수련회에서 선미禪味를 맛보았으니 그 환희는 실로 대단했을 터다. 부산대학교의 여정은 일주문에 들어서며 그걸로 끝났다.

군 복무를 마친 후 구산 스님이 주석하던 송광사 선원에 입방해 가부좌를 틀었다. '각묵覺默'이라는 출가 수행자로서

앉은 자리다. 벼르고 벼르던 일을 시작했으니 그 선열감은 자신만이 감지할 수 있을 터. 그러나 뜻밖의 일이 벌어지고 말았다. 화두가 잡히지 않았다. 아무리 애를 써도 화두는 들리지 않고 졸음만 쏟아져 내렸다. 구참 수좌에게 물어보니 오후 불식하면 좀 나아질 것이라 해 실행에 옮겼다. '배고프니 잠도 오지 않았다'고 한다. 7년의 세월이 다 되어도 확철대오는 멀게만 느껴졌다.

그즈음 활성, 철오, 함현 스님을 만났다. 초기불교와의 인연이 시작된 것이다 일본 불교학자 마쓰다니 후미오(增谷文雄)의 《아함경》과 《불교개론》을 접한 것도 세 스님의 인연 덕이었다. 어느 날 봉암사 주지를 지냈던 함현 스님이 가져온 월폴라 라홀라Walpola Rahula(1907~1997) 스님의 《붓다의 가르침(What the Buddha taught)》을 접했다. 이 책은 팔리 삼장을 통해 부처님 가르침을 명료하게 서술해 놓은 명저다.

활성 스님은 각묵 스님에게 초기불교의 중요성을 역설하며 초기불교 경전 번역의 원력을 세워보라 권했다. 철오 스님과의 토론으로 초기불교의 단편이나마 인식한 각묵 스님은 자신을 다시 한번 추슬렀다.

'처음부터 다시 시작하자!'

'불교란 무엇인가?'라는 원초적 물음에 접근했다. 부처님 가르침에서 불교를 갈무리해야 한다는 결론에 도달하며 자연스럽게 선에서 초기불교로 발길을 돌렸다. 1987년 칠불암 운상 선원 하안거로 7년 동안의 선원 여정은 일단락 됐다. 머뭇거 릴 여유가 없었다. 불교 발상지 인도로 들어가 공부하겠다고 다짐한 각묵 스님은 서울 법련사에 머물며 영어공부에 매진 한 후 1989년 3월 인도 유학길에 올랐다.

10년의 유학 내공은 최근에 와서 펼쳐지기 시작했다. 이미 《금강경 역해》를 비롯해 대림 스님과 함께 《4부 니까야》를 완 역했다. 번역 작업은 아직도 진행 중이다. 팔리 삼장을 모두 완역해내겠다는 스님의 원력에 비춰보면 말이다. 세미나에서 도 자신의 주장을 마음껏 내보인다. '내가 알고 있다'는 걸 보 여주기 위함이 아니다. 부처님의 진의를 함께 찾고 공유하며 정립해가자는 의지의 표현이다.

대승불교권에만 머물러 있다 해도 과언이 아닌 한국불교계 에 각묵 스님의 왕성한 활동은 부처님 법에 좀 더 상세히 접근 해보려는 불자들에게는 가뭄 속 단비와도 같다. 이 단비가 한 국불교사의 한 축을 흐르는 강이 될 수도 있을 것이라는 기대 감을 갖고 각묵 스님을 친견했다.

궁금했다. 화두를 내려놓고 초기불교라는 교학의 숲에 들 어간 각묵 스님이 진정 얻은 것은 무엇인지 말이다. 스님은 《청 정도론淸淨道論》을 통해 붓다고사Buddhaghosa의 일언을 전했다. '윤회에서 두려움을 보기에 비구라 한다.'

"강의 중에 이 말을 듣고 실소를 금할 수 없었습니다. 윤회 또한 본래 없는 줄 알아야지, 윤회에서 두려움을 보는 게 비구라니요! 이러니 소승이라는 말을 듣는구나 했지요."

이때가 유학 3년째였다. 한때 화두를 들었던 선사의 기백으로도 들린다.

"그날 숙소로 돌아오는 길에 돼지 새끼 한 마리를 보았습니다. 우기철이면 길은 엉망진창이 됩니다. 그 길 위에서 오물범벅이 된 채 먹이만을 찾아 이리저리 허우적대는 돼지 새끼 한 마리. 나도 저렇구나! 이 세상에 태어나 뭐 하나 제대로 못하면서 단물만 쪽쪽 빨아먹고는 다음 생에 다시 사람으로 태어난들 저 돼지 새끼와 뭐가 다른가!"

깊은 사념으로 각묵 스님은 그날 밤잠을 이루지 못했다. 그리고 다시 발심했다. '공부하자. 제대로 해야 한다.' 각묵 스님이 이 이야기를 꺼낸 이유는 따로 있었음을 곧 알았다.

"우리 간화선 수행인 중에도 돈오頓悟를 잘못 이해하는 분들이 많습니다. 돈오 논의의 핵심은 깨달음이 실현되는 시점입니다. 그 시점만 놓고 보면 즉각적입니다. 그 전에 몇 년을, 아니 몇 겁을 닦아왔든 깨달음의 실현은 순간적인 겁니다. 하지만 그렇다고 수행과정이 없는 건 아닙니다. 이를 무시한 채 '깨닫기만 하면 된다'는 말을 너무도 쉽게 하는데 이는 단편적인 사고에 빠졌기 때문입니다."

윤회에 대한 교학적 접근을 철저하게 해보지도 않고 '윤회 또한 본래 없는 줄 알아야 한다'고 했던 자신과 유사한 간화선 수행인이 지금도 있음을 지적하고 있음이다.

"무상·무아·고든, 무상·무아·공이든 이를 통찰하려는 생각은 추호도 없으면서 생의 찬미만 늘어놓는다면 이는 깨달은 체하는 것에 다름 아닙니다."

초기불교 프리즘이든, 대승불교 프리즘이든 나름대로의 갈무리가 있어야 설법을 하고 수행할 수 있는 게 아니냐는 반문이다. 간화선 수행인들에게는 뼈아프게 들릴 수 있다. 하지만, 선원에서 7년 공부한 수행인의 일언이라면 귀 기울여야 한다.

"초기불교의 핵심은 일단 해체해서 보기입니다. 물론 여기서 궁극적 지향점은 개념 해체입니다. '나'라는 존재는 오온五蘊으로 해체해서 보고, 일체 존재는 십이처十二處로 해체해서 보는 겁니다. 세계는 십팔계十八界로, 생사문제는 십이연기十二緣起로 해체해서 보는 겁니다. 왜 해체해서 보는가? 무상, 고, 무아가 드러나기 때문입니다."

수행이라는 직관을 통해 무상, 고, 무아를 체득할 수 있겠지만, 일단 교학적 접근을 통해 이 문제를 풀어보아야 함을 강조하고 있다. 초기불교는 그 방법으로 '해체'라는 무기를 든 것이다.

"나는 누구인가? 부처님은 '오온'이라고 말씀하셨습니다. '아트만ātman'이라는 고정불변하는 어떤 실체가 있는 것이 아니라는 점을 분명히 하기 위해 오온을 설하신 겁니다."

고대 인도 철학에서 나온 아트만은 절대 변치 않는 '초월적인 자아自我'를 말한다. 인간이 죽은 후에도 아트만은 멸하거나 파괴되지 않고 곧바로 다른 신체로 이동해 생명력을 지속해 간다고 본다. 힌두교는 지금도 아트만을 수용하고 있다. 이에 대해 부처님께서는 무아를 설하셨다.

"그럼에도 우리 불교계에서는 또 다른 자아를 전제한 듯한 '참 나', '주인공' 같은 개념들이 법문에서 자주 등장하고 있습니다. 이는 자칫 부처님께서 경계하신 아트만을 연상시킬 수 있습니다. 오온을 확연하게 꿰뚫어야 무아를 이해할 수 있습니다. 오온에 대한 통찰이나 상세한 설명 없이 무아만을 설하면 또 다른 자아를 일으킬 수 있으니 주의해야 합니다."

각묵 스님은 '마음'에 대한 이해도 충분치 않다고 지적했다. 하지만 초기불교 입장에서 보면 마음이 무엇인지 명확하게 드러난다고 한다.

"마음 또한 오온을 통해 여실하게 볼 수 있습니다. 색色은 물질이고, 수受는 느낌입니다. 단, 탐욕과 성냄은 여기에 속하지 않습니다. 상想은 인식의 작용입니다. '푸른 것도 인식하고 빨간 것도 인식'하는 그러한 인식입니다. 행行은 의도, 소유, 의욕, 주의, 집중 등 심리현상들의 무더기입니다. 단, 여기서 느낌과 인식은 제외합니다. 《청정도론》에서는 아비달마阿毘達磨의 52가지 심소법心所法(마음과 상응해 일어나는 정신·심리적 작용) 중 느낌과 인식을 제외한 50가지 심소법을 말합니다. 그렇다면 식識은 무엇일까요? 번역하기 참 어려운 대목입니다. 분별하는 식입니다. 좀 더 쉽게 말하면 '신 것도 식별하고 쓴 것도 식별하는 식'입니다. 따라서 저는 '알음알이'라고 표현하고 있습니다. 그런데 '식'은 마노(意), 마음과 같은 겁니다."

교학을 연구하는 사람들에게는 놀랄만한 일이 아닐 수 있지만 오온의 마지막 '식'이 '마음'과 같다는 대목에서는 아연해지고 말았다.

"물론 이러한 '식' 즉 '아는 작용'은 반드시 느낌(受)에 대한 인식(想)과 심리현상(行)들과 같은 심소법들의 도움이 있어야 합니다. 그러나 용도는 차이가 납니다. 우리의 마음을 나타내는 술어라는 점에서는 동일하지만 그 역할이나 문맥에 따라 엄격히 구분하고 있습니다. 일례로 안식, 이식, 비식, 설식, 신식, 의식이라고는 쓰지만 안심, 이심, 비심, 설심, 신심, 의심 등의 합성어는 팔리 삼장 어디에도 없습니다."

각묵 스님은 컵 하나로 설명했다. 정리하면 이렇다. 우리가 파란 컵 하나를 보았을 때 오온은 동시에 일어난다. 컵이라는 대상의 물질(色)을 본 순간 느낌(受)이 일어난다. 그와 동시에 파란 컵임을 인식(想)하고, 가지려는 작용(行)과 함께 '소유'의식(識)을 최종적으로 드러낸다는 것이다. 따라서 마지막 거론한 '식識'은 갖겠다, 또는 갖고 싶다는 '마음'을 낸 것과 같다는 말이다.

"이때 조심해야 할 것은 마음도 조건발생이라는 것입니다. 감각이나 대상이라는 조건 없이 독자적으로 일어나는 마음은 존재할 수 없습니다. 마음 또한 찰나생利那生 찰나멸利那滅이기 때문입니다. 부처님께서는 '이것과 다른 어떤 단 하나의 법도 이렇듯 빨리 변하는 것을 나는 보지 못하나니, 그것은 바로 마음이다' 하셨습니다. 더 이상의 마음에 의미부여를 할 필요는 없습니다. 적어도 불교적 측면에서 보면 그렇습니다."

찰나생 찰나멸하는 마음, 더욱이 그 변화 속도가 그 무엇보다 엄청나게 빠른 마음, 오온의 한 일부일 뿐인 마음을 두고 닦고, 찾고 할 게 없는 것이다. 그럼에도 우리는 '참 마음을 찾자' '청정심을 회복하자'고 한다. 방편으로 이렇게 말할 수는 있지만 마음이 무엇인지 알고 써야 한다. 그렇지 않으면 각묵 스님의 지적처럼 마음이 어디 우리 몸 한 자리를 버젓이 차지하고 있는 것처럼 인식될 가능성이 높다.

"초기불교는 불교의 뿌리입니다. 뿌리를 거부하고 나무가 살아남을 수 없습니다. 초기불교에 대한 이해도가 높을수록 대승불교 이해도 역시 높아질 게 확실합니다."

각묵 스님은 초기불교 전파가 너무도 즐겁다고 한다. 그래서인지 늘 웃고 다닌다. 주위에서 '그만 좀 웃고 다녀라'는 핀 잔을 들을 정도다. 각묵 스님을 친견하며 초기불교의 필요성을 다시 한 번 인식하는 계기가 되었다. 하지만 더 중요한 게 있다.

'나는 지금 무엇을 가름하고 있는가?'

불교와 인연을 맺었다 해서 공부가 저절로 되는 것은 아니다. 스스로 부처님 뜻을 헤아려야 한다. 수행방법도 자신이 찾아 결정해야 한다.

야탑성찬野塔性讚 스님

1974년 사미계를 1981년 구족계를 수지했다. 1984년에 범어사 승가대학을, 1988년에 중앙승가대학을 졸업했다. 1991년부터 1993년까지 법주사승가대학에서 교수직을 맡았다. 1996년부터 2000년까지 미얀마 마하시명상센터와 찬메명상센터에서 정진한 성찬 스님은 현재 여래향사 지도법사, 인도네시아 기원정사 주지 소임을 맡고 있다.

계율은 속박 아닌 대자유, 해탈의 길

'후두둑, 탁!'

세차게 비가 내리는 이른 아침 양곤Yangon 거리를 30여 명의 스님들이 유유히 발우 하나 들고 줄지어 걸어간다. 땅바닥에서 튄 빗방울이 가사 자락을 쉼 없이 적시지만 아랑곳하지 않는다. 땅을 향한 시선은 흔들림이 없고, 하늘 향한 어깨는 쉐다곤 파고다Shwedagon Pagoda라도 떠받칠 듯 꼿꼿하다. '2,500년 전 부처님께서 행하신 탁발을 그대로 따르는 우리는 비구!'라는 것을 침묵의 행보로 일갈하고 있다. 1996년 한국에서 미얀마로 건너가 위빠사나 수행에 매진한 성찬性讚 스님도 이른 아침 탁발 행렬에 서 있었다.

'무릇 승가의 풍류는 걸식을 활계活計로 삼는다'고 천명한 일본 에도시대의 탁발승이자 시승詩僧이었던 료칸(良寬, 1758~1831)은 탁발하는 이유를 이렇게 설파했다.

"탁발은 불가의 명맥命脈이요, 고불적古佛迹이다!"

장남으로 태어난 성찬 스님은 열 살에 "절에서 명을 이어가라"는 부모의 당부로 산사에 맡겨졌다. 은사는 불교정화운동의 선봉에 섰던 조계종 원로의원 월탄月誕 스님이다. 종단의 대소사를 챙기며 동분서주한 은사스님 따라다니느라 승적은 군에 입대할 즈음에서야 받을 수 있었다.

범어사 강원과 중앙승가대를 졸업한 후 법주사에서 강주소임을 맡았던 성찬 스님은 '이빨에 난 털'이라는 판치생모板齒生毛 화두를 들며 선교겸수에 나름 애쓰고 있었다. 그러던 어느 날 불현듯 의문이 일었다.

'보리수 아래 앉으신 부처님께서는 무엇을 하셨을까?'

1989년 깨달음의 성지 인도 보드가야로 향했다. 보리수 주변을 몇 날 며칠이고 한없이 서성였다.

'부처님께서는 저 나무 아래에서 삼천배를 하지 않으셨다. 나무아미타불 정근을 하셨을 리 없고 무자 화두 또한 들지 않으셨다. 무엇을 하셨단 말인가!'

그때, 붉은 가사를 수한 스님들이 눈에 들어왔다. 나무 그늘에 앉아 경전을 읽던 스님들은 이내 경전을 내려놓고 침묵

한 채 앉아 있다. 얼마간의 시간이 지나자 일제히 일어서더니 차수한 채 걷기 시작한다. 한 걸음, 한 걸음! 보리수 잎을 스친 소리마저도 경행經行 속으로 빨려 들어가는 듯했다. 가슴이 뛰었다.

"어디서 오셨습니까?"

"미얀마에서 왔습니다."

"방금 전에 하신 수행은 무엇입니까?"

"위빠사나Vipassana입니다."

생전 처음 듣는 용어였다. 종이와 볼펜을 건네 직접 써 달라고 했다. 메모 한 장 얻어 귀국한 성찬 스님은 그로부터 한참 후 평소 알고 지낸 화교에게 메모를 건네 보이며 이것을 무엇이라 읽는지 물었다.

"비발사나毘鉢舍那!"

비발사나? 그때 알았다. 위빠사나가 《대승기신론大乘起信論》 '지관止觀을 수행하는 법' 편에 등장하는 비발사나라는 사실을! 가슴이 뛰었다. 당장이라도 건너가고 싶었지만 미얀마와의 시절인연은 1996년 5월에 닿았다.

미얀마 자국을 포함해 지구촌 곳곳에 500여 개의 마하시명상센터(Mahasi Meditation Center) 분원을 세우며 전 세계에 위빠사나를 전파한 사야도Sayadaw(대덕 고승)가 마하시Mahasi(1904~1982) 사야도이다. 입적 10년 전인 1972년까지 70

만 명이 넘는 세계 수행자들이 '마하시 문하'를 거쳐 갔다. 본원인 양곤의 마하시명상센터는 예나 지금이나 위빠사나의 사관학교로 불린다. 마하시 사야도가 입적에 들자 우 자틸라U Jathila(1935~2016) 사야도가 마하시 명상센터를 이어받았다. 1988년 서울 승가사를 방문해 한국에 처음 미얀마 위빠사나 씨앗을 심은 우 자틸라 사야도는 한국 수행인들의 발심에 남다른 관심을 보였다.

성찬 스님은 우 자틸라 사야도의 집중적인 지도 아래 3개월 동안 정진했고, 소파카Sopaka라는 법명을 받았다. 일곱 살에 아라한과를 얻어 장로에 오른 그 소파카다. 마하시명상센터에서 수행하던 중 평생 정신적 지주로 남은 우 자나카U Janaka 사야도를 만났다. 성찬 스님은 "진리를 보여주신 분"이라고 회고했다. 우 자나카 사야도를 따라 찬메명상센터(Chan Myay Meditation Center)로 수행처를 옮긴 후 3년간 정진했다. 2000년 귀국한 성찬 스님은 경기도 용인 여래향사如來香寺에서 초기불교에 스민 부처님 법을 전했다. 아울러 인도네시아 자카르타 기원정사에서도 현지 한국인을 중심으로 법을 전하고 있다.

선禪을 포함한 북방불교는 부처님이 품었던 근본정신을 발현시키는 데 초점이 맞춰져 있다. 반면 남방불교는 팔리어 삼장을 부처님의 원음原音으로 철저히 믿으며 자신들의 불교적 실천을 위한 지침으로 삼는다. 초기불교의 전형이 가장 잘 남아있다는 미얀마 승단은 남방불교를 대표한다. 국민의 90%가 불자인 미얀마 불교의 특징을 여쭈었다.

"일상에서도 계율이 살아 움직이는 나라입니다!"

비구로서 지닌 250계를 철저하게 지키려는 미얀마 스님들은 일거수일투족조차 함부로 하지 않는다는 사실은 널리 알려져 있다. 그 철저함이란 어느 정도일까?

미얀마에서 태어난 10대 소년들은 대부분 출가한다. 물론 언제든 환속할 수 있다. 우리나라 단기출가와 유사하지만 내용을 들여다보면 차원이 다르다. 출가하면 사미계를 받고, 그 즉시 계를 지켜야 한다. 20대에 출가했다면 사미계를 받은 지 10분 만에 비구계를 수지하고, 그 즉시 250계를 지켜야 한다. 먼저 승가에 몸담은 비구들과 함께 탁발을 해야 하며 포살에도 임해야 하고 스승으로부터 수행을 점검받고 경전을 공부해야 한다. 환속할지 승가에 남을지는 본인 스스로 정한다.

출가 후 5년 내에 반드시 율장을 외워야만 하는 만큼 미얀마 스님들의 지계정신은 정평이 났다. 성찬 스님은 오후 불식과 관련한 일화를 전했다. 미얀마 초행 때의 일이다.

비행기에서 제공하는 도시락으로 아침식사를 한지라 출출하여 공항에서 나오자마자 곧장 식당으로 향했다. 그런데 가이드가 식당 앞에서 잠깐 멈추더니 자신의 분침을 뒤로 돌려

11시 40분으로 맞춘다.

"음식을 주문하려는데 종업원이 고개를 가로저으며 저를 이상하게 봅니다. 그리고는 이내 식당의 시계를 가리킵니다."

12시 5분. 이때, 가이드가 자신의 시계를 종업원에 보여주었다. 그의 시침은 11시 43분을 가리키고 있었다. 그러자 종업원은 다른 손님의 시계를 확인하더란다.

"그 종업원이 가이드 앞으로 와서는 '저 손님의 시계로도 12시가 이미 넘었다'고 말하고는 제 앞에 놓인 물잔조차 거둬 가버립니다. 오후 불식을 지켜야 하는 스님들에게는 12시가 넘으면 식당에서조차 음식을 제공하지 않습니다. 미얀마 스님들이 입은 가사가 결코 가볍지만은 않을 것이란 걸 직감했습니다."

하루 일곱 집만을 돌며 탁발하고, 꿀마저도 삼가며 일정기간 정진하는 두타행頭陀行을 결행한 때가 있었다. 어느 날 지인이 찾아왔다. 별다른 차가 없던 터라 꿀차를 내주었다. 자신만마시는 게 부담스러웠던 지인은 "혹, 두타행을 하십니까?"라고 물었다. 이로써 두타행은 틀어졌다. 두타행에 임한 사실을 상대가 알아채면 그 수행은 깨진 것으로 보는 게 미얀마 불교의 전통이다. 자신보다 법납이 높은 비구에게 고하고 참회해야만 두타행을 다시 시작할 수 있다. 그렇지만 스스로 깬 수행이 아닌 이상 그대로 지속해도 별 문제 없는 것 아닐까?

"비구계를 준수하는 것보다 더 중요한 게 있습니다. 금하지 않았다 해도 '이것을 해서는 안 된다'는 생각이 들면 그것을 결코 허락해서는 안 됩니다."

미얀마 스님들은 홀로 하는 수행 전후로도 참회문을 독송한다. 성찬 스님은 여래향사의 법요집《붓다예경》을 펴내며 그 정신을 담았다. 참회문의 한 대목을 보자.

자비하고 거룩하신 부처님,
제가 시작도 끝도 없는 윤회에서 오늘에 이르기까지
저보다 공덕과 법납이 높으신 큰스님들과
여러 스승님들과 부모님,
그리고 부처님과 벽지불 성인들께
신구의 삼업으로 지은 티끌보다 작은 허물
모두 참회하오니
자비 드리우사 저의 잘못을 용서하여 주옵소서

놀랍게도《붓다예경》에는 반드시 기억해야 할 부처님 말씀과 불자로서의 기본예절, 발원, 참회는 물론 성지순례 다닐 때 차에서 올리는 의식까지 포함돼 있다. 이 정도면 계율에 너무 속박되어 사는 게 아닌가 하는 의문이 든다.

"계율은 스스로를 자유롭게 합니다. 하지 말라는 것을 하지 않으면 삿된 유혹에 넘어갈 리 없습니다. 다른 사람을 위협하거나 곤경에 빠트리지도 않습니다. '계율을 지킴으로써 일체의 두려움과 증오를 가라앉힐 수 있다. 계율이 뒷받침하는 명상은 그 과보와 공덕도 크다. 명상이 뒷받침하는 지혜는 그 과보와 공덕도 크다'라고 부처님께서 말씀하셨습니다."

미얀마 스님들의 수행력과 지혜는 철저한 참회를 바탕으로 한 지계청정에서 샘솟았던 것이다. 계정혜 짙게 배인 그 무거운 가사가 바간Bagan의 2,300여 탑을 오늘도 빛나게 한다.

여래향사에서는 개인을 위한 재 의식이나 기도는 신도들이 직접 한다. 성찬 스님은 법문과 수행만을 지도하고 있다.

"재가불자들에게 전하고 싶은 건 부처님의 삶입니다. 부처님 생애가 주는 의미를 통찰한 불자가 어느 정도일지는 모르지만 단 한 분이라도 알고 싶은 분이 있다면 그분을 위해 법을 펴겠습니다. 교리 측면에서는 오온, 십이처, 십팔계, 사성제, 십이연기만은 확연하게 알려드리려 합니다. 초기불교와 대승불교를 관통하는 핵심이기 때문입니다. 불교 요체인 무상, 무아, 고는 수행을 통해 스스로 체득해 증명해 내야만 합니다. 물론 저는 위빠사나를 권합니다. 몸이나 느낌 등에 대해 알아차림을 지속적으로 하다보면(觀) 무상과 괴로움의 근원을 스스로 알게 되고 탐욕과 집착이 있는 오취온五取蘊의 본질을 체득하게 됩니다. 이러한 체험을 반복하면 궁극에는 삼법인三法

印에 대한 자신만의 새로운 확신이 섭니다. 이 정도에만 이르러도 세상은 달리 보일 것입니다."

물질현상(色), 느낌(受), 지각(想), 지음(行), 의식(識)에 애착이나 분노를 품으면 번뇌를 일으킨다. 그 오취온에 집착해 있는 상태를 자아라고 착각하는 게 중생이다. 이 사실을 직시하고 떨쳐낼 수 있어야 평온을 찾는데 성찬 스님은 위빠사나가 그 길을 열어 보일 것이라 확신한다.

초심 수행인들이 힘들어 하는 것 중 하나가 졸음과 망상이다. 대처법이 있을 법하다.

"졸리면 일어나세요. 그래도 졸리면 걷고, 그래도 안 되면 세수를 하세요. 그래도 졸음을 떨쳐낼 수 없다면 자야 합니다. 단, 단잠입니다. 유념해야 할 건 잠에서 깨어난 순간, '내가 수행하고 있었다'는 사실을 알아차려야 합니다. 망상은 원래 내가 초점을 맞췄던 주제 즉 호흡이나 화두에서 벗어난 데서 비롯됩니다. 호흡을 관하던 초심자라면 망상을 피웠다는 걸 인지한 즉시 '망상!'이라 이름 붙여보세요. 이내 '아! 그렇지. 호흡!' 하며 원래의 주제로 돌아올 것입니다."

끝으로 아주 원론적인 질문을 드렸다. 수행과 해탈이란 무엇인가?

"수행이란 '끊임없는 자기 성찰'이고 해탈이란 '윤회로부터의 대자유'입니다!"

성찬 스님이 위빠사나 수행법을 전한다고 해서 미얀마 불교를 전파하려는 건 아니다. 성찬 스님은 "부처님의 삶을 전하려 한다"고 했다. '삶이 곧 말씀'이다. 여래향사에서 피어오른 법향이 그윽하다.

진흙에 더럽히지 않는 연꽃처럼

무소의 뿔처럼 혼자 가라

《숫타니파타》

월천혜총月泉蕙叢 스님

1953년 보경 스님을 은사로 득도. 1963년 동산 스님을 계사로 구족계를 수지. 스님은 자운율사를 40년간 시봉했다. 해인사, 범어사 승가대학, 동국대 불교학과 졸업 후 1974년 동국대 불교대학원 석사과정을 수료했다. 조계종 포교원장을 역임했으며 사회복지법인 불국토 이사장, 사단법인 동련 총재, 어린이지도자연합회 회장, 대각회 이사장 등을 역임했다. 현재 부산 감로사 주지와 사단법인 불교발전연구원 이사장을 맡고 있다. 자랑스러운 부산시민상, 국민훈장 동백장, 조계종 종정 표창패, 대통령 표창패 등을 수상했다. 저서로는《꽃도 너를 사랑하느냐?》《새벽처럼 깨어있으라》《공양 올리는 마음》《아미타불강설》《아미타불예찬》《약사경 사경집》등이 있다.

어제 지은 악업 오늘 참회하라

재가불자들과 함께 지체부자유 보호시설을 방문한 혜총蕙叢 스님은 눈시울이 뜨거워졌다. 손발을 자유롭게 쓰지 못하고, 말 한마디 제대로 발음할 수 없는 아이들을 보는 내내 가슴 저 밑에서 밀려오는 측은함을 주체할 수 없었기 때문이다. 손을 잡고, 머리를 쓰다듬었다. 자신의 이러한 행동이 어린 아이들에게 말없는 위로와 용기를 건넨 것이라 생각했다.

공양 자리에서 혜총 스님은 만면에 미소를 머금으며 아이들이 식사하는 모습을 바라보았다. 한 술 뜬 밥의 반은 흘리고, 나머지 반도 입으로 들어가는지 코로 들어가는지 알 수 없을 정도였다. 코 묻은 밥을 그대로 입에 넣는 아이들이 다반사였다. 반찬은 입술, 턱, 뺨에 덕지덕지 붙었다. 들고 있던 숟가락을 놓치고는 가슴을 부여잡았다.

욱!

찰나였지만 역겨웠다. 동행한 불자들이 의아스런 눈빛으로 혜총 스님을 쳐다보았다. 낯이 붉어졌다. 부산 감로사甘露寺로 돌아온 혜총 스님은 하염없이 눈물을 흘렸다. 아이들이 아닌 자신을 향한 눈물이었다.

'나는 자비를 나눈 게 아니라 동정만 하려 했구나. 아니, 그 동정마저도 진실되지 못했구나. 내 아이라도 그러했을까!'

참회의 눈물을 흘린 후 부처님의 자비심으로 어린이와 청소년에게 다가갈 것을 서원했다. 이때 포교의 진정한 의미는 일반인을 불자로 만드는 게 아니라 그들에게 법을 전하는 것이라는 포교관을 세웠다. 1986년 '사단법인 동련'을 출범시키면서 본격적인 포교 발걸음을 시작했다. 대한불교어린이지도자연합회도 맡은 혜총 스님은 '복지법인 불국토'까지 이끌며 부산 지역 포교의 새로운 지평을 열었다. 이러한 업적으로 1989년 조계종 포교대상 공로상을 수상했다. 2004년 북한 용천역 대참사 당시 부산참여불교운동본부를 통해 '통일신발 보내기'에도 적극 나서며 북한동포 돕기에도 열의를 다했다. 부산 동명대학교 불교대학에 불교문화학과를 개설하는 데에도 혜총 스님의 역할이 컸다.

세납 열한 살 때인 1953년 통도사에서 보경 스님을 은사로 출가한 혜총 스님은 자운慈雲 스님을 40여 년간 시봉했다. 자운 스님은 한국 근현대 고승 반열에 오른 선지식으로서 "계율은 해탈의 근본이요 선정禪定이 난 자리"라 일갈했던 율사律師다. 열다섯 살에 사서삼경을 뗄 정도로 총명했던 자운 스님은 스물일곱 살 되던 해 탁발 나온 혜운 스님에게서 청나라 순치제順治帝의 출가시出家詩 한 토막을 듣고 홀연히 집을 나왔다. 순치제가 출가하며 남긴 시 한 토막은 이렇다.

백 년 삼만육천 날이
승가에서의 반나절 쉼만 못하네
百年三萬六千日 不及僧家半日閒

자운 스님은 해인사에 팔만대장경이 봉안돼 있는 판전에서 삼천배를 올린 후 혜운 스님을 은사로 출가했다. 청담, 성철 스님 등과 함께 문경 봉암사에 특별수행도량을 설립하며 한국불교의 중흥을 서원한 자운 스님은 백팔참회, 능엄주 독송, 조석예불 등 조계종 수행의례를 쇄신했다. 무엇보다 계율사상을 진작시킨 자운 스님은 자아성찰의 중요함을 설파하며 《자비도량참법慈悲道場懺法》을 간행·유포해 참회정진 수행을 토착시켰다.
혜총 스님은 어느 스님의 말을 듣고 출가를 결심했다.

"서른 넘기기 어렵다. 이를 피할 길은 출가 외엔 없다."

순치제는 '쉬기' 위해 출가했지만 혜총 스님은 '살기' 위해 출가했다. 혹여, 대율사를 시봉하는 일이 고되지는 않았을까. 혜총 스님은 웃으며 손을 저었다.

"제가 시봉 받았지요."

손상좌가 시봉을 받다니 무슨 말인가.

"코 흘리게 코 닦아주고, 양말에 구멍 나면 꿰매주고, 때 되면 밥 주셨으니 제가 시봉 받은 셈이지요."

성철, 향곡 스님도 '어린 혜총'을 보면 "씨름 한판 하자"며 무척이나 귀여워했다. 큰스님들의 온기를 한껏 받으며 자란 덕인지 시자생활 접어들어서도 고된 줄 몰랐다. 오히려 자운 스님을 시봉하며 내로라하는 선지식을 만났으니 복 중의 복을 받은 것이라 술회한다. 그도 그럴 것이 율사였던 자운 스님이었지만 선교를 가리지 않고 대덕고승들과 교류를 끊임없이 했으니 자운 스님의 뒤를 따라다니기만 해도 '큰 공부'를 공것으로 한 셈이다. 그러나 선지식들의 일거수일투족을 직접 본다 해도 스스로 묻고 가름하지 않으면 별 소용없다.

어느 날 자운 스님이 《화엄경》을 보고 계셨다. 시자 혜총이 물었다.

"스님, 이미 보신 《화엄경》은 왜 다시 보십니까?"

"다른 《화엄경》이지."

《화엄경》이 다 똑같지 다를 게 뭐 있습니까?"

"같은 《화엄경》이더라도 달리 보인다. 혜총도 훗날 알게 될 거야!"

혜총 스님은 이 일을 지금도 명료하게 기억한다.

"어느 때 이르니 이전에 읽었던 《금강경》이 새롭게 보이더군요. '머무는 바 없이 마음을 내라'는 한마디도 어제, 오늘 와 닿는 느낌이 다릅니다. 한 우물에서도 매일 새로운 물이 차오르듯, 똑같은 《금강경》인데 펼칠 때마다 신선한 법설로 다가옵니다."

운허 스님 문하에서 《능엄경》을 수학할 때였다. 운허 스님은 길가에 핀 꽃을 보며 만면에 미소를 짓곤 했다. 그 모습 너무 좋아 보여 옆에 다가가자 운허 스님이 한마디 했다.

"꽃을 좋아하는 사람은 마음씨가 곱다."

해인사로 돌아온 혜총 스님은 수십여 개의 분재를 들여 놓았다. 어느 날 자운 스님과 함께 며칠 출타한 후 돌아와 보니 대부분 말라 죽었다. 자운 스님이 한마디 던졌다.

"너는 꽃을 사랑하느냐?"

"예."

"꽃도 너를 사랑하느냐?"

"……"

당나라 때 현사玄沙(835~908) 스님도 그러했다. 현사 스님이 하루는 밖에 나갔다 돌아오니 제자가 방에 꽃을 꺾어 놨다. 이에 현사 스님이 물었다.

"무슨 꽃이냐?"

"산에 핀 꽃이 너무 아름다워 꺾어 왔습니다."

"네가 꽃을 좋아하는 만큼 꽃도 너를 좋아하느냐?"

"……"

혜총 스님이 통도사로 출가하자마자 한 일은 삼천배였다. 동심 가득했을 열한 살이었지만 자운 스님에게 여쭈었다.

"스님, 왜 삼천배를 해야 합니까?"

"참회를 해야 한다."

"참회라니요?"

"죄를 지었으니 뉘우쳐야지."

"저는 죄 안 지었는데요."

"너는 아직 어려서 모른다. 삼천배를 하면 후에 큰 이익이 있을 것이다."

혜총 스님은 매년 2,000여 명의 불자들과 함께 '삼천배 참회기도 법회'를 열고 있다. 조계종 포교원장을 맡는 동안 이 법회에 동참하지 못한 것을 아쉬워 할 정도다. 사실 감로사 삼천배 참회기도법회는 6·25전쟁이 한창이던 1951년부터 시작했다. 부처님 출가일에 앞서 자운 스님을 비롯한 성철, 향곡, 석암, 월하, 지관, 일타, 월산, 청담, 운허, 영암, 벽암, 법전 등의 대덕 스님들은 감로사에 모여 국난극복 의미를 담은 참회기도 법회를 열었다. 지금까지 이어지는 감로사 삼천배 참회기도법회는 반세기 역사를 갖고 있다.

"자운 큰스님 말씀대로 어려서는 몰랐지만 후에 자연스럽게 알게 되더군요. 저만 해도 어렸을 때 개구리 잡는 일이 다 반사였지요. 그뿐입니까? 메뚜기나 잠자리 잡아 장난치다 식상하면 닭 모이로 던져 주었습니다. 모르고 한 일이지만 참회해야지요. 세상 살며 참으로 많은 업을 짓습니다. 남의 물건을 훔치는 일만 참회하는 게 아닙니다. 거짓말로 타인의 마음을 아프게도 한 일도, 본의 아닌 실수라도 그 일로 상대방의 기분을 상하게 했다면 그 역시 참회해야 합니다. 참회는 수행의 첫걸음이면서 이생을 마칠 때까지 해야 할 일입니다."

혜총 스님은 여건이 닿는다면 해외불교에도 눈을 돌려보라 권한다. 또한 불서뿐만 아니라 다른 분야의 책도 부지런히 보아야 한다고 강조한다. 다만, '왜?'라는 물음을 항상 던져보라 한다. 자운 스님은 해외여행이 어려운 6, 70년대에도 남방불교는 물론 유럽과 미국을 다녀온 스님이다. 시자인 혜총 스님이 자운 스님의 해외길에 함께 한 듯싶었지만 실은 그렇지 않다.

"자운 스님은 틈만 나면 해외에 나가보라 권했습니다. 그때마다 저는 '한국도 좋은데 굳이 해외까지 나가서 볼 게 뭐 있습니까?'라며 반문만 했지요. 그런데 그게 아니었습니다."

자운 스님은 입적 전에도 혜총 스님에게 일렀다.

"혜총! 해외여행 많이 다녀와라."

"왜 자꾸 가라 하십니까?"

"금생도 좋지만 내생도 좋다."

순간, 혜총 스님 뇌리에 섬광이 지나가는 듯했다. 해외여행을 통해 견문을 넓히라는 뜻도 있었지만 더 깊은 뜻이 있음을 간파했다.

"증득이란 지혜를 통해 진리를 깨달아 얻는 것을 말합니다. 참선이나 염불 수행을 하는 것도 증득하기 위함이고, 경을 보며 그 속에 담긴 요지를 헤아리는 것도 증득하기 위함입니다. 또한 사물 하나도 그냥 지나치지 않고 사유하는 것 또한 증득의 한 과정입니다. 내가 보고 듣고 한 모든 경험이 증득의 선상에 있습니다. 해외에서 '뭐 특별히 볼 게 있겠느냐'고만 했던 저는 이미 단견에 떨어진 겁니다."

화두 들듯 염불 하듯 깨어있는 정신과 마음으로 세상을 한 번 보라는 뜻이다. 그 속에 우리가 미처 알아차리지 못했던 부처님 말씀이 새겨져 있을지도 모를 일이기 때문이다.

출가직후의 삼천배도, 꽃을 곁에 두기만 하면 '좋은 마음 내는 사람'이라 보일 것이라는 사심도, 《화엄경》은 다 똑같다 말한 우매함도, 공양자리에서 느꼈던 자신의 가식도 혜총 스님은 그냥 지나치지 않고 참회했다. 그리고 다시 새로운 원력을 세우고 새로운 지혜를 발현해갔다. 혜총 스님의 지난 여정은 우리에게 불망지不忘知 가르침을 전하는 듯하다. 키워야 할 것, 돈독히 해야 할 것, 참회해야 할 것 등 하나하나를 허투루 생각지 않고 성찰하고 반조하고 있지 않은가.

자리에서 일어나기 전에 윤회에 대해 한마디 청했다.

"동쪽에서 뜨는 해와 서쪽으로 지는 해를 보며 말합니다. 매일 해는 뜨고 진다고……. 그러나 지구 밖 우주에서 볼 때 해는 항상 그 자리에 있습니다."

영산지현靈山智玄 스님

지현 스님은 법종 스님을 은사로 출가해 1971년 사미계를, 1975년 구족계를 수지했으며, 제12~15대 중앙종회의원, 한국불교문화사업단장, 조계종 총무원 총무부장, 사회복지재단 상임이사 등을 역임했다. 현재 조계사 주지 소임을 맡고 있다. 저서로는 《바람이 소리를 만나면》《사람이 살지 않는 곳에도 길은 있다》《천천히 아주 천천히》등이 있다.

이름 없다 해서 향기도 없으랴

아홉 살 소년이 '삼촌스님' 손을 잡고 산에 들었다. '이 몸이 얼마나 살겠기에 일생을 닦지 않겠느냐!'는 원효대사의 가르침 한마디도 몰랐을 소년에게 집을 향한 그리움은 사무쳤을 터. 열한 살이 되면서 며칠이 멀다하고 '집에 보내달라'며 하염없이 울었다. 집으로 난 길을 혼자 나섰지만 일주문 앞에서 걸음을 멈췄다. 딱, 거기까지였다. 소년이 안고 돌아온 건 산사 나뭇가지에 닿았다 떨어진 바람 한 점 뿐이었다.

낮에는 교복을 입었지만 저녁엔 승복을 입었다. 고등학교 2학년 어느 날 비가 내렸다.

'난 스님인가, 학생인가?'

'무릇 형상 있는 것은 모두 다 허망하다'는 《금강경》 한 줄도 아직 가슴에 닿지 않았을 그는 정체성에 혼란이 일었다. 빗속을 하염없이 걷고 또 걸었다. 어느 순간 마음 한 조각이 꿈틀거렸다.

'그래, 난 스님이야!'

비를 만난 바람 소리를 그때도 들었으리라.

입대 전, 늦은 밤 고향을 찾았다. 달빛을 안고 있던 그를 아버지와 어머니는 첫눈에 알아보지 못했다. 그래도 어머니가 뒤늦게 아들임을 직감하고는 말없이 부엌으로 들어가 쌀을 씻었다. 아들의 뺨을 스쳐 지나간 바람이 어머니 눈가에 머물렀을 때 낸 소리도 그는 조용히 들었으리라.

지금은 거들떠보지도 않는 비비추 새순을 된장국에 넣어 먹으며 배고픔을 달랬던 시절에도, 토굴에서 홀로 별을 바라보며 아린 외로움을 달랬던 시절에도, 고향은 유년의 뒤편 추억일 뿐이었다.

청량사 주지 부임 초기 고향 사람들이 산사를 찾았다. 속가 아버지 환갑 기념 여행길이었다. 군중 속에 서성이던 어머니를 보았지만 그냥 지나쳐 차실에 들었다. 찻잔을 들었지만 너무도 무심했던 게 마음에 걸려 내려놓았다. 어머니 손이라도 한번 잡아드려야겠다 마음먹고 문을 열고 밖을 내다보았지만 보이지 않았다. 디딤돌로 내려와 신발을 신었다. 찰나가 겁으로 느껴질 만큼의 시간이 흘러서야 도량 한 구석에 혼자 눈물 흘리는 어머니를 발견했다. 또 손을 잡지 못했다. '어머니' 대신 '보살님'이라는 말이 먼저 나왔다.

"보살님! 왜, 여기 계십니까?"

어머니는 아들의 등을 쓰다듬었다.

"스님, 공부 열심히 하시게!"

한국불교문화사업단장, 조계종 총무원 총무부장, 조계사 주지 소임을 연이어 맡고 있어 일주일에 5일은 서울에 머물지만 금요일 저녁이면 어김없이 경북 봉화로 달려간다. 2011년 한국불교문화사업단장을 맡기 전 청량사 불자들에게 물었다.

"제가 단장을 맡으면 세월의 반은 서울에 머무를 수밖에 없는데 괜찮겠습니까?"

"스님이 하시는 일입니다. 저희는 괜찮습니다!"

스님과 불자, 주지와 신도 사이에 오랜 시간 동안 배어든 믿음의 온기가 느껴진다. 지현智玄 스님은 1986년에 청량사를 처음 찾았을 때를 회고했다.

"비 새는 법당, 거의 다 무너져 내린 요사채. 말 그대로 폐사지였습니다."

방 안을 보니 주지 임명장이 수북이 쌓여 있더란다. 1년은 고사하고, 한두 달도 안 돼 떠난 스님이 그토록 많았다는 얘기다. 별과 꽃은 도반이 될 수 있었지만 전기도 들어오지 않는 법당에 켜진 촛불은 서글픔으로 타올랐다.

"원효대사와 의상대사가 창건한 청량사입니다. 창건 당시만 해도 33개의 부속전각을 갖춘 대찰이었다는 기록이 있습니다. 산에 가득 들어찬 암자에서 들려오는 스님들의 독경 소리! 상상만 해도 가슴이 뜁니다. 뜨겁지요. 그런데 대찰의 흔적은 찾아볼 수 없었습니다. 그나마 남아 있는 대웅전에 비가 새고 있었으니……."

혼자 기도하고, 손수 밥을 지어 먹으며 절을 고쳐나갔다. 땅을 다져가며 돌을 날랐다. 짬짬이 인근 지역을 돌며 새 기와 올리는 집에 사정해 폐기와를 얻고, 새 집 짓는 사람에게서 쓰다 남은 판자 조각이라도 얻었다. 그렇게 조금씩, 조금씩, 작지만 큰 '지현만의 불사'를 이어갔다.

1년 7개월. 이쯤이면 마을 불자들 맞을 준비는 어느 정도 됐다고 자평하고는 연등 50여 개를 만들고 조용히 기다렸다. 그해 부처님오신날 법당에 걸린 연등은 27개였다.

걸망 하나 달랑 메고 마을로 내려갔다. 반상회에 얼굴 내밀고, 여름이면 고추 따주고, 낫 들고 서 있다가 꼴을 베주었다. 고맙다는 마을 어르신들 인사에 '언제, 마을회관 한번 들려달라' 청했다. 농사일 다 끝나고 저녁공양까지 마친 저녁 9시면 회관에서 법회를 열었던 지현 스님이었다.

아이들 노는 틈에 끼어 술래 한번 되어 주었다. 아이들 이름 부르며 주머니에 든 사탕 하나 건네주고는 머리 한번 쓰다 듬어 주었다. 없는 살림 쪼개고 쪼개 경운기 한 대 샀다. 청량 사와 마을을 잇는 유일한 소통의 수단인 셈이다. 경운기에 올 라 탄 아이들은 신난다며 절까지 따라왔다. 천진불이 뛰어노 는 도량은 활기가 돌았다. 그렇게 꼬박 4년. '지현'이라는 법명 대신 '경운기 스님'이라는 별칭이 붙었다.

"인근 지역에 사는 초등학교 2, 3학년 아이들은 대부분 부 모 손을 잡고 절에 옵니다. 어른들은 핑계가 많지요. 비가 와 서, 결혼식이 있어서, 손님이 온다 해서. 아이들 역시 걸음하기 힘듭니다. 그런데 어느 날, 그 아이들 몇몇이 영주에서 아침 8 시 40분 버스를 타고 산길을 걸어 절을 찾아온 겁니다. 최소 두 시간은 걸리는데…… . 어찌 왔냐고 물으니 절에서 놀고 싶 어서, 경운기 스님 보고 싶어서, 부처님 보고 싶어서, 그냥 오 고 싶어서…… ."

출가 이후 기쁘고 고마워 흘린 눈물은 그때가 처음이었을 것이다.

대한민국에서 산사음악회를 최초로 연 장본인도 지현 스님 이다. 어느 날 경북도민체육대회가 있어 운동장을 찾았다. '가 수 김건모'가 온다는 소식에 10만 인파가 몰렸다. 알고보니 '닮 은 김건모'였다. 무릎을 탁 쳤다. '문화를 전하자!' 절을 찾는 봉화, 안동 인근 지역주민들에게 보답하고 싶었지만 무엇을 전

할지 내심 고민하던 차였다.

시골 분들이라 해서 어찌 문화갈증이 없겠는가! 장사익, 안치환, 오정해, 신효범 등 내로라하는 예인들이 지현 스님의 선의에 감동해 산사음악회를 빛냈다. 해마다 '자비와 사랑으로 평화를', '천년의 소리, 천년의 북', '서양과 동양의 만남' 등의 주제로 음악회가 열렸다. 시 낭송회와 시화전도 열었다. 미술전시회는 물론 청량산 바위에 새겨진 글과 그림을 모은 탁본전도 열었다. 1만여 명의 사람들이 찾아왔다.

달빛에 어우러진 소리를 가슴에 담은 사람들은 청량한 바람 한 점을 안고 산을 내려갔다. 등산객을 포함한 수치지만 어느 순간 연평균 25만 명이 청량사를 찾기 시작했다. '받는 불교에서 주는 불교'로의 인식전환이 일궈낸 대변혁이다. 선학봉과 자란봉을 잇는 현수교량 하늘다리가 개통되고 나서는 참배객은 50만 명으로 늘었다.

1970년대 어느 날 논산 관촉사에 머무른 적이 있다. 도량을 거닐다 담 밑에 앉았다. 여행 온 여고생들이 서로 웃으며 자신을 쳐다보며 뭐라 하기에 가만히 귀를 기울여 보았다.

"스님이 시계를 찼어, 시계를!"

시계 찬 스님이 왜 신기할까?

'스님은 재만 올리는 사람으로 알고 있구나. 큰일 났다. 아니다. 무소유를 실천하는 사람은 스님밖에 없는 줄 아는구나. 다

행이다.'

뇌리를 스쳐가는 게 있었다.

'저 아이들을 가르쳐야겠다. 아니, 그 동생과 그들 부모들 곁으로 먼저 다가가야지.'

포교 원력은 이때 세워졌다. 어린이와 청소년이 미래 한국 불교의 희망이요 꽃이라는 건 모두가 인지하고 있다. 그러나 이 불사에 전념하는 스님은 그리 많지 않다. 정성을 쏟았다고 하여 금세 결실을 볼 수 있는 불사가 아니기 때문이다. 지현 스님은 '미래의 부처님'을 40여 년 동안 보듬어 왔다.

"어린이 포교는 최소한 20년을 투자해야 합니다. 어린이가 중·고등학생이 되고, 대학생이 되고, 군 입대를 해도 불교와 이어지게 해야 합니다. 꼭 우리 사찰이 아니어도 괜찮습니다. 그 지역 사찰로 안내해주면 되는 겁니다. 농부의 땀 없이 풍요를 기대할 수 없는 것과 같은 이치입니다."

지현 스님의 계층별 포교 속엔 문화가 있다. 문화 속에 법음이, 법음 속에 문화가 스며있다. 군 제식훈련을 연상시켰던 여의도 초파일행진을 활기 넘치고 신명나는 연등축제로 탈바꿈시킨 인물이 지현 스님이요, 다보탑·석가탑 일색이었던 시청 앞 점등식에 연꽃과 같은 예술미를 더한 조각품을 밝힌 것도 지현 스님이다. 법에 문화가 스며들었을 때 어떤 파급 효과가 있는지를 확연히 보여주었다.

그런데 지현 스님이 걸어온 여정을 따라가다 보면 포교 이상의 그 무엇이 느껴진다. 스님은 이 세상에 어떤 소식을 전하고 싶은 것일까.

"세상을 향한 가르침이라 하면 너무 거창합니다. 다만, 요즘 불자들에게 강조하는 게 있습니다. 하나는 나누면서 살자는 겁니다. 수입의 2%는 나와 가족이 아닌 이웃에 회향하자는 겁니다. 《선가귀감禪家龜鑑》에서는 '가난한 사람이 와서 구걸하거든 능력 따라 베풀라' 했습니다. 한 몸이라 생각하는 큰 자비가 참다운 보시이기 때문입니다. 또 하나는 매일 봉사하자는 겁니다. 하루 시간의 2%만이라도. 친구에게 이웃에게 도반에게 전화를 걸어 따뜻한 말 한마디 건네는 것도 봉사입니다. 또 하나는 매일 나를 위해 공부하자는 겁니다. 하루 시간의 2%만이라도. 세상사에 매이다 보면 자신을 돌아볼 기회조차 갖지 못하고 한세상 살다 갑니다. 불교 공부든 인문학 공부든 기도든 좌선이든 무엇인가 하나는 정해 매일 공부할 수 있어야 합니다. 이런 사람에게서는 향기가 날 겁니다."

아름다운 세상을 가꾸어가자는 말이다. 내가 꽃이 되고, 당신도 꽃이 되자는 제안이다. 나도 행복하고 당신도 행복할 수 있는 원력이다.

"풀꽃이면 어떠합니까. 이름 없다 해서 향기가 없는 건 아닙니다."

지현 스님은 청량사 찻집을 지으며 '바람이 소리를 만나면'
이라 이름 했다. 연유를 묻는 사람이 제법 많아서인지, 아니면
다소 허전해 보여서인지는 몰라도 후에 '차 한잔하며 마음이
라도 편안히 가져보라'는 뜻으로 안심당安心堂이라는 이름 하
나를 더했다.

바람은 무엇인가 만나야 소리를 낸다. 찻집에 앉아 무엇을
만나 어떤 소리를 듣는 지는 자신의 몫일 터. 꽃을 만난 바람
은 향기를 더욱 멀리 퍼지게 할 것이다. 지현 스님과 동행해보
라. 그 인연 길에서 감풍甘風의 소리 한 점 들어볼 수 있을 것
이다.

월인경선月印鏡禪 스님

1970년 해인사 승가대학 대교과를 졸업했다. 조계종 재심호계위원, 조계종 법규위원을 역임했다. 현재 범어사 주지이며 부산광역시불교연합회 회장, 범어사 성보박물관장, 금정·해동중학교 이사장, 사회복지법인 금정총림범어 대표이사, 재단법인 금정총림범어청소년동네 대표이사를 맡고 있다.

천상의 물고기를 낚아야

"시골에 남아 있으면 결국 농사꾼이다. 산으로 들어가 스님 되는 게 어떠하냐?"

가장의 한마디에 방 안은 침묵에 휩싸였다. 청년은 내키지 않았다. 조선불교조계종 초대 종정에 오른 한암 스님을 시봉했던 김수학金洙學 거사. 훗날 비구니 수행도량 봉녕사를 중창한 묘전妙典 스님과도 인연 깊었던 김 거사는 출가가 꿈이었지만 장손 집안의 장남이라는 벽을 넘지 못했다. 자신이 못 이룬 꿈을 아들이 이뤄주기를 바라던 차에 어렵게 말을 꺼낸 것이다. 숙연이었던 것일까? 청년 자신도 깜짝 놀랄만한 답을 내놓았다.

"그리 하겠습니다!"

겨우내 내린 눈이 봄 햇살에 다 녹기도 전에 청년은 묘전 스님을 따라 파계사로 향했다. 그즈음 성철 스님이 파계사 성전암에 철조망을 치고 정진하고 있었다. 묘전 스님은 내심 청년이 성철 스님 제자가 되기를 기대했을 터다.

청년은 파계사에 주석하던 종수 스님 시봉부터 들었다. 일우종수一愚宗壽 스님은 조계종 전계대화상에 오른 대율사다. 제자가 잘못했을 때 직접 나무라지 않고, 불전에 나아가 제자의 잘못을 고하며 잘못 가르친 자신을 참회했던 선지식으로 유명하다.

8개월 후 드디어 성철 스님 앞으로 갔다. 공양 마치고 잠시 쉬는 찰나 성철 스님이 나와서는 쌀뜨물 버려지는 수채를 유심히 살폈다. 늦가을로 접어든 산의 기운은 매섭고 차가워 수채조차 얼어 있었다. 성철 스님은 느닷없이 수채를 파헤치더니 얼음 속에 묻힌 쌀 몇 톨을 주워 냈다.

"이 쌀로 밥을 지어라!"

슬쩍 스쳐보다가도 눈에 거스르는 일이 보이면 그 즉시 불호령이 떨어졌다. 설거지 한 솥에 밥풀떼기 자국만 보여도 '이걸 일이라고 했느냐?'며 냅다 집어던졌다. 잘못한 일 있어 부처님 전에 올리는 삼천배는 알겠는데, 일 잘해도 '고생했다. 삼천배해라'는 뜻은 도저히 헤아릴 수 없었다. 그래도 열다섯 살

행자는 묵묵히 시봉에 힘썼다. 그런 제자가 기특했는지 성철 스님은 만연漫衍이라는 법명을 지어주었다.

성전암 10년 장좌불와를 풀고 김용사로 갈 때 성철 스님은 제자 만연을 앞세웠다. 그러나 시봉 인연은 3년이 다였다. '성철 스님 제자가 되려면 10년을 배겨내야 한다'는 소리를 오래 전에 들은 바 있다. 아직도 남은 7년의 세월이 억겁으로 다가왔다. 김용사에서 야반도주해 범어사로 향했다.

범어사로 향한 나름의 연유가 있다. 1965년 3월 청담 스님이 김용사에 당도했다.

"어인 일이십니까?"

"성철 스님 스승인 동산혜일東山慧日(1890~1965) 큰스님이 원적에 드셨어. 범어사 가는 길에 성철 스님에게 알려주려 왔네."

'큰스님? 스승? 성철 스님보다 더 큰 도인이 범어사에 주석하고 있었단 말인가!'

범어사를 마음속에 품은 건 그때였다.

당시 범어사에는 영신전강永信田岡(1898~1975) 스님이 조실로 주석하고 있었다. 자운, 성수, 광덕, 도광 스님 등 당대 내로라 하는 선지식을 모시며 무언無言의 법향에 젖어갔고 법윤法允 스님과의 사제인연도 그때 맺었다. 법명도 만연에서 경선鏡禪으로 바뀌었다.

경선 스님은 그림과 서예에 남다른 실력도 겸비하고 있다.

서예는 청남菁南 오제봉吳濟峰, 그림은 오진烏辰 이웅선李雄善 화백에게 각각 10년간 사사했다. 경선 스님의 그림에는 남종화에서 느낄 수 있는 붓질과 선화를 관통하는 선필이 조화롭게 스며있다. 범어사 초대 성보박물관장을 맡은 후 대찰이 품은 '보물'들을 16년 동안 관장할 수 있었던 건 불교미술에 대한 탁월한 안목을 가졌기 때문일 터다.

경선 스님은 강원을 마쳐 교학에 밝지만 '이 뭐꼬' 하나 들고 토굴에서 홀로 10년 동안 정진할 만큼 선기禪機도 남다르다. 토굴 생활하는 동안 적적하지 않으셨냐고 여쭈었다.

"한가위 보름달 떠 있는데 찾는 이 없습니다. 바람 소리 옷섶에 들어차는 순간 싸한 느낌과 함께 적적함을 느낍니다. 그런데 그 싸한 느낌이 묘하게도 참 좋았습니다. 그 마음으로 토굴 창문으로 들어오는 달빛 안으면 세상 부러울 게 없었습니다. 하여 저는 토굴을 '월인산방月印山房'이라 이름 했었습니다."

2011년 늦가을 스님은 부산에서 서화전 〈월인산방〉을 연 바 있다. 아마도 토굴정진 때 느꼈던 정취를 사부대중과 공유하고 싶었을 게다. 혹시 다음 생에라도 성철 스님 곁에서 남은 7년 시봉할 마음이 있는지 여쭈었다.

"그 인연 닿는다면 해낼 자신 있습니다. 그때는 행자 근기가 약해 뭘 모르고 도망친 겁니다. 지금 생각해보니 일을 잘해도 삼천배 하라신 건 '항상 깨어 있으라!'는 일침이었습니다.

다소 과격해 보이지만 제자의 수행을 힘있게 독려하는 데 성철 스님만한 분 찾기 어렵습니다."

범어사 주지실 출입문에 청남 선생이 쓴 '포덕섭중布德攝众' 편액이 걸려있다. 풀어보면 '덕으로 중생을 보살피라'는 뜻이다. 만 중생을 보살피는 덕이라면 펼치고 펼쳐도 줄지 않는 큰 덕, 즉 '무량공덕無量功德'이어야 할 것이다. 삼보를 존경하고, 삼보가 전하는 가르침을 믿고 실천하는 사람이 무량공덕을 얻는다고 했다.

한국불교사에서 큰 덕을 품었던 대덕고승이 한둘이 아니지만 범어사 가풍을 세운 동산東山 스님을 대표인물로 꼽는 데 손색이 없다. 동산 스님 곁에서 정진하지는 못했지만 경선 스님 또한 동산 스님에 관한 수많은 이야기들을 전해 들었다. 그중 하나를 전했다.

"동산 스님께서는 당신 앞으로 들어온 어떤 보시물도 오랫동안 곁에 두는 일이 없었다고 합니다. 과자 한 봉지라도 들어오면 잠시 모아 두었다가 때가 됐다 싶을 때 대중 앞에 내놓으셨다고 합니다. 보시청정布施清淨에 대한 무언의 감로법문입니다. 실제로 큰스님은 재보시財布施, 법보시法布施, 무외보시無畏布施에 관한한 제자들에게 철저하게 가르쳤다고 합니다. 동산 스님은 이른 아침, 청소시간이 되면 제일 먼저 빗자루를 들고 계셨고, 예불 때도 가장 먼저 나오셔서 제자들이 들어오는 걸

지켜보셨다고 합니다."

'예불, 울력, 공양 시간. 이 세 가지만 잘 지키면 대중들 사이에 불화가 없다'는 동산 스님의 가르침이 범어사 가풍으로 자리 잡은 지 오래다.

"기본에 충실한 사람이 큰일을 해낸다는 가르침입니다. 대중이 모이는 자리에 없다는 건 현재 이 도량에 존재하지 않는다는 것을 의미합니다. 출가한 이상 병고나 사고 등의 특별한 이유 없이 정진도량을 떠나지 말라는 뜻이요, 수행에 힘쓰라는 것입니다."

경선 스님도 불음폭포가 떨어지는 양산 토곡산土谷山 토굴(현 수암사)에서 정진할 때 반드시 조석예불과 사시공양만은 올렸다고 한다. 자신이 머무는 이유를 확인하는 기회라고 한다.

차 한잔 들던 경선 스님은 범어사에서 처음 법을 펼쳤던 금정총림 방장 지유知有 스님을 회상했다.

"범어사 보제루에서 《선문촬요禪門撮要》를 생동감 넘치게 강의하셨던 큰스님의 모습을 지금도 잊지 못합니다. 또 함허득통涵虛得通(1376~1433)선사의 《금강경오가해金剛經五家解》 서문을 선적으로 명쾌하게 풀어낸 말씀은 정말이지 명법문이었습니다. 선의 일미도 제대로 맛보지 못한 '풋내기 수좌'였지만 큰스님 특유의 간단명료한 선법은 큰 울림을 주었습니다. 매일 일종식하는 큰스님께서는 스스로 '갱두羹頭(절에서 국을 마련하는 소임) 조실'이라 하며 11시 30분이면 어김없이 국과 찌개를 손수 끓여 점심 공양을 준비합니다. 제가 찾아뵈어도 차 공양시간은 딱 한 시간입니다. 허한 말씀 한마디 안 하십니다. 소참법문 때 '마음'에 대한 말씀을 자주 해주십니다. 제게 마음에 대한 안목이 생겼다면 그건 큰스님의 소참법문 덕입니다. 큰스님은 지계에 철저하고 지금도 장좌불와 정진을 하십니다."

지유 스님과의 인연을 풀어내던 경선 스님은 찻잔을 내려놓고는 잠시 말문을 닫고 허공을 응시했다.

"늘 박복한 출가자라 여겼는데……!"

짧은 탄식이었지만 자책이 배인 듯하다.

"주지 소임을 맡아 방장스님을 좀 더 가까이 모시며 돌이켜보니 그동안 시봉한 모든 스님이 당대를 대표하는 선지식이었습니다. 크나큰 복을 누린 것이었음을 새삼 절감합니다.

제게 출가를 권했던 선친은 한암 큰스님과 인연이 깊었습니다. 출가 길에도 혼자가 아니었습니다. 운문사 주지를 하다가 봉녕사로 가신 묘전 스님 발걸음 따라 파계사 일주문으로 들어섰습니다. 파계사 성전암에서 모신 일우 스님과 해인사 극락전에서 시봉한 자운 스님은 모두 청정율사였습니다. 김용사에서 정진할 때는 조계종 종정을 역임하셨던 법전 스님이 총무였고, 고불총림 방장이었던 서옹 스님은 주지 소임을 보셨습니다. 성수 스님 곁에 머물며 스님 특유의 선기에도 젖어보았습니다. 화엄사 강원에서 공부할 때는 '인욕보살'로 칭송되던 도광 스님을 시봉한 적도 있습니다. 불교 대중화를 선도한 광덕 스님께서 범어사에 오시면 제가 항상 시봉을 했는데 씀바귀를 참 좋아하셨습니다. 그리고 '성철 스님 문하'로 출가한 것만도 큰 복이었습니다. 돌이켜보면 훌륭한 분들을 다 모셨습니다. 가끔 그때의 일을 회고하는데, 때로는 일상에서 내어 보였던 어른 스님들의 언행이 상당법어上堂法語에 버금가는 '할과 방'으로 다가오기도 합니다. 지금의 방장 스님은 제 삶을 온전히 회향할 수 있는 마지막 스승이라 여기고 있습니다."

범어사에는 의상, 원효, 사명에서부터 연백, 진묵을 거쳐 용성, 동산에 이르기까지 미술적 가치가 높은 고승진영 40여 점이 있다. 익히 알려진 고승 이외에 범어사를 빛낸 스님 한 분을 추천해 달라 청했다.

"해인사에서 정진할 때 일타 스님으로부터 처음 들었습니다. 범어사 내원암內院庵에 주석하던 담해湛海 스님이 평상시에도 상서로운 빛을 쏟아 냈다는 겁니다. 범어사에 돌아와 살펴보니 실재로 '담해당덕기대선사방광탑湛海堂德基大禪師放光塔'이라는 명문이 새겨진 부도가 있었고 진영으로도 남아 있었습니다."

담해덕기湛海德基(1860~1933)선사는 18세에 범어사 연운蓮雲 스님에게 출가한 후 우봉영원右峰永願 스님의 법을 이었다. 범어사에서 주지를 역임하며 불사에 매진하던 중 돌연 내원암에 가부좌를 틀고 수행에 전념했다. 일주문에서 오른쪽 길로 들어서서 1,500미터 올라가면 내원암이다. 성철 스님도 딱 한 번 범어사에서 정진했다고 알려져 있는데 그곳이 바로 '제일선원'이라 일컫는 내원암이다.

2018년에 보물 제1866호였던 《삼국유사三國遺事》 권 1~2가 국보로 승격됐다. 범어사 성보박물관도 《삼국유사》(보물 제419-3호)를 소장하고 있다.

"《삼국유사》의 권4~5까지의 두 권을 한 권(총 59장)으로 묶은 것으로 인쇄 상태와 보관상태가 양호한 편입니다. 조선 초기 판본으로 권5의 28~30장이 남아 있는 건 범어사본이 유일합니다. 일제강점기 범어사를 선찰대본산으로 세운 성월 스님이 범어사에 기증했다고 전해집니다."

학계 연구가 뒷받침된다면 국보지정도 기대해 볼만하다. 범어사는 《삼국유사》 외에도 보물로 지정된 《주범망경注梵網經》 《불조삼경佛祖三經》 《금장요집경金藏要集經》 등을 소장하고 있다. 국가지정문화재 8건을 포함해 지방문화재만도 70여 건이다. 고문서, 고서적 등의 전적류典籍類 1,000여 종도 품고 있다. 그러나 치명적인 단점이 있다. 사격에 비해 전시실이 너무 작다. 범어사가 소장하고 있는 높이 3.5미터의 〈범어사사천왕도梵魚寺四天王圖〉를 특별전시할 때면 다 펴지 못한다. 다행스럽게도 지난 16년 동안 성보박물관 신축불사를 위해 백방으로 뛴 경선 스님의 원력이 빛을 발해 2018년 12월 착공했다.

"지금도 유물 기증 의사를 밝히는 많은 분들이 범어사를 찾습니다만, 지금의 성보박물관을 둘러보고는 '안타깝다'며 고개를 돌립니다. 범어사 성보박물관의 수용 한계를 직감하기 때문입니다. 수많은 문화재가 통도사 성보박물관으로 집중되는 이유가 있습니다. 1968년 통도사 강원에서 공부할 때입니다. 새로운 탱화가 조성되면 기존 탱화는 관음전으로 보냅니다. 대부분 사찰에서 기존 탱화는 소각시키기도 했던 때입니다. 통도사가 성보문화재에 대한 인식이 각별한 건 범하 스님의 안목이 발현됐기에 가능했습니다."

오래전부터 송광사, 통도사는 물론 유수의 일반 박물관까지 살피며 모델을 고민해온 만큼 통도사 성보박물관에 버금가는 범어사 성보박물관이 우리 앞에 설 듯하다. 2020년 3월 완공예정이다.

주지 부임 직후 추진했던 선문화교육관이 2019년 완공되었다. 명상, 다도, 사찰음식, 지화, 서예, 강연 등 다양한 불교문화를 향유할 수 있는 공간이다.

"무엇보다 재가불자를 위한 선 강좌와 실참실수 프로그램을 가동하는 데 만전을 기하려 합니다. 화두 드는 법부터 차근차근 배워가며 가부좌 틀 수 있도록 다양한 프로그램을 마련하려 합니다."

범어사에서 펴고 싶은 법이 무엇인지를 여쭈었다.

"동산 스님은 원효암 옛터에서 '장대교망녹인천지어張大敎
網漉人天之魚' 아홉 자가 뚜렷하게 새겨진 '옥인'을 발견했습니
다. '큰 가르침의 그물을 펴서 인간과 천상의 물고기를 건진다'
라고 한 건 부처님 법을 널리 펴 중생을 구제한다는 뜻입니다.
제가 문화도량 조성에 힘쓰는 이유이기도 합니다. 좀 더 많은
불자들이 범어사를 찾아 금정총림에서 피어오르는 '깨달음의
향훈'에 젖어보기를 기대하고 있습니다."

수행의 씨실 사이에 문화의 날실을 꼼꼼하게 넣어 범어사
만의 '장대교망'을 짜려 함이다! 멋진 불사다. 경선 스님의 일
언이 금정산을 울린다.

"투도심偸盜心 내면 도둑이요, 자비심慈悲心 내면 부처입니
다!"

동암원명東庵元明 스님

1974년 능혜 스님을 은사로 출가한 후 1979년 범어사에서 구족
계를 수지했다. 용주사, 불국사, 통도사 등 제방선원에서 정진한
원명 스님은 삼화사·조계사 주지와 조계종 호법부장을 역임했
다. 현재 사회복지법인 대한불교조계종 봉은 대표이사, 사)생전
예수재보존회 대표이사, 사)환경정의 공동대표, 여진불교문화재
단 이사장, 사)한국사찰림연구소 이사장이며 2015년부터 봉은
사 주지 소임을 맡고 있다.

이 땅 어디에 있어도 수행자여야 합니다

고려시대 찬란히 빛났던 법등이 조선의 숭유억불 정책에 짓
눌리며 그 빛을 점차 잃어갈 때 허응보우虛應普愚(1515~1565) 스
님이 출현했다. 독실한 불자였던 문정왕후의 도움으로 선교양
종禪敎兩宗을 다시 세우며 선종수사찰禪宗首寺刹로는 봉은사를,
교종수사찰敎宗首寺刹로는 봉선사를 지정하는 한편 1552년에
는 연산군 때 폐지된 승과僧科를 부활시켰다. 청허휴정淸虛休靜
(1520~1604)과 사명유정四溟惟政(1544~1610) 스님은 승과를 통해
배출된 대표 고승이다. 그 가운데 휴정 스님은 봉은사 주지를
맡으면서 〈봉은사기奉恩寺記〉를 남겼는데, 당시 절 규모를 짐작
할 수 있는 대목이 있다.

'아침마다 1만 밥솥에 밥을 짓고, 열흘 동안에 1백 석의 벼를 찧는다.'

화엄경판을 간직해온 봉은사 판전板殿에는 《화엄경》뿐 아니라 《금강경》《유마경》《아미타경》《고왕경》 등도 소장돼 있는데, 이는 봉은사가 선종사찰을 넘어 교종사찰로서의 위상도 함께 세워갔음을 방증한다. 《화엄경》 간행 불사 때는 해남 대흥사 일지암의 초의의순草衣意恂 스님이 증명으로 참여했는데, 현판의 '板殿판전' 글씨는 그의 평생 벗 추사秋史 김정희金正喜 (1786~1856)가 썼다. 이생에서의 인연을 다하기 삼 일 전에 썼다고 하니 추사의 마지막 작품이다.

임진왜란과 병자호란, 일제강점기, 6·25 한국전쟁, 조계종 정화불사 등 격동의 역사 속에서 봉은사는 점차 제 모습을 잃어갔다. 그럼에도 1,200년 전 신라시대 때부터 피어오른 법등法燈만은 근대를 거쳐 지금에 이르러서도 꺼지지 않았다. 서울 도심 최고의 선종수사찰이라는 긍지가 도량에 늘 서려있었기 때문이다. 그 기운은 봉은사 사부대중의 가슴에서 샘솟았다. 20만 명의 신도와 하루 평균 외국인 방문객 300여 명을 오롯이 품을 수 있는 대가람 조성 원력이 담긴 '봉은사 성역화 중창불사'에서도 그 자부심을 읽을 수 있다.

봉은사는 1971년에 도시공원으로 지정되어 도시공원법과 문화재보호법이라는 이중규제를 받았다. 이로 인해 요사채는 물론 해우소 등의 기본적인 편의시설도 마음대로 짓지 못했다. 그런데 2015년 7월 새로운 희망의 빛이 도량에 깃들었다. '봉은사 역사공원 조성 마스터플랜'이 두 위원회의 심의를 최종 통과한 것이다. 때마침 원명元明 스님이 2015년 10월에 주지로 임명되어 2016년 새해 벽두 봉은사 비전을 제시하며 봉은사 성역화 중창불사에 박차를 가할 것임을 천명했다.

그 비전은 요사채가 하나둘씩 들어서며 우리 앞에 현실로 나타나고 있다. 원명 스님은 늘 봉은사 신도님들의 정성으로 이룬 불사라 한다. 그러나 정성과 원력만으로는 불가능한 일이다. 대중을 포용하는 원융무애圓融無碍 정신으로 앞장서서 지휘해야 이룰 수 있는 대작불사다. 원명 스님 가슴 깊이 박힌 화해·회통을 잉태시킨 원천이 궁금해 봉은사로 향했다.

10대 중반의 소년은 지도를 펼쳤다. 깊은 산속에 절 하나 있는데 마을과도 꽤 멀어 보였다. 강원도 고성의 금강산 건봉사乾鳳寺였다.

"저곳에서 살자!"

돈 3만 원 들고 집을 나섰다. 신심이 발현되어 떠난 길이 아니다. 출가 권유가 있었던 건 더더욱 아니다. 굳이 이유를 하나 들자면 평범하게 사는 것보다 산속에 파묻혀 사는 게 나을 수도 있다는 막연한 생각으로 떠난 길이었다.

춘천을 거쳐 고성으로 가는 도중 양구 시외버스터미널에

잠시 내렸다. 포장마차 어묵 국물 냄새가 코에 닿았다. 낯선 사람들에게 돈도 빼앗긴 터라 주머니는 거의 바닥났다. 어묵에 눈길을 꽂은 채 한참을 서 있었다.

"얘야 이리 와 이것 좀 먹어라."

주인아주머니는 어묵 한 그릇을 내주었다. 훗날 삭발염의하고 양구 터미널의 그 아주머니를 다시 찾았지만 그새 주인은 바뀌어 있었다. 그때의 고마운 기억으로 김밥 한 줄 공양하고는 차비만 남겨 놓고 10만여 원을 모두 놓고 나왔다. 사람들에게 물어서 닿은 곳은 고성군 간성읍에 있는 건봉사 포교당이었다. 그곳에서 만난 법사가 여기까지 온 이유를 물었다.

"건봉사에서 살아보려 왔습니다."

"그 절은 아무 때나 갈 수 있는 곳이 아니다. 지금 건봉사 가는 길은 닫혀 있다."

송강리에서 건봉사 사이 군도 2호선 6.4킬로미터 구간이 군 검문 없이 완전 개통된 건 2018년 9월이다. 건봉사 포교당 법사는 소년에게 1만 원을 주며 권유했다.

"월정사로 가거라!"

1974년 한여름 홍성에서 시작된 여정은 금강산이 아닌 오대산에 닿았다. 숙연宿緣이다! 법의法衣(승복, 가사를 이름)는 여러 생에 걸친 원력의 막중함과 일찍이 심어 둔 지혜의 종자가 성숙되어야 입을 수 있다고 하지 않던가.

깊은 산에도 꽃향기가 퍼질 즈음이면 월정사에서는 한암 스님 탄생을 기념하며 수계법회를 봉행한다. 입산 후 해를 넘긴 행자는 자신도 사미계를 받을 줄 알았는데 아니었다.

"아직 어려서 안 된다. 내년 봄에 받아라."

상원사에서 입승 소임을 맡고 있던 대허 스님이 시큰둥한 행자를 보고는 일렀다.

"나하고 상원사로 가자!"

새벽예불 마치면 곧장 적멸보궁으로 달려가 108배를 올렸다. 기도를 마치면 얼른 내려와 밥을 지었다. 무쇠솥 안에서 쌀이 거의 다 익어갈 때 장작불을 빼야만 밥이 타지 않는다. 행자는 부뚜막에 올라가 냄새를 맡아가며 기가 막히게 그 순간을 짚어냈다. 밥알 하나라도 떨어뜨리면 '쌀 한 톨에 시주님 은혜가 일곱 근이다'는 꾸중을 들으며 주워 먹어야 했다. 상원사 범종 치는 일도 행자 몫이었다. 1년 365일 동안 쉴 틈이 없었던 행자 시절이었지만 원명 스님은 "내 생애 가장 순수했던 한때였다"고 회고한다.

그렇게 상원사에서 1년을 보낸 원명 스님은 이듬해 1976년 봄 사미계를 받았다. 해인사와 범어사에서 강원을 마친 스님은 용주사, 불국사, 봉암사, 통도사 등 제방선원에서 정진했다.

이명박정부 당시 시행된 도로명 주소 도입으로 산사명에서 유래한 지명이 사라지기 시작했다. 삼화사三和寺에서 비롯된

'삼화동'도 무릉계곡의 이름을 딴 '무릉로'로 바뀌었다. 당시 삼화사 주지 소임을 보던 원명 스님은 관련 부처에 강력하게 항의한 후 교회를 포함한 지역주민을 일일이 설득해 80% 이상의 동의를 받아 '무릉로'를 '삼화로'로 돌려놓았다.

무형문화재에는 국가지정 무형문화재와 시·도지정 무형문화재가 있다. 현재 불교의례 가운데 문화재청이 인정한 국가지정 무형문화재는 영산재靈山齋(제50호), 수륙재水陸齋(제125·126·127호), 불복장작법佛腹藏作法(제139호)이다. 원명 스님은 수륙재를 국가지정 무형문화재로 지정하는 데 핵심 역할을 담당했다. 더욱이 2000년 전후까지만 해도 범패梵唄에 대한 인지도가 높지 않은 조계종의 정서를 감안하면 원명 스님의 안목은 놀랍다.

원명 스님이 낸 차향이 다래헌茶來軒에 퍼져갈 즈음 수륙재에 관심을 가진 연유를 여쭈었다.

"그 보물은 궤짝에서 건져 올렸습니다!"

주지 임명을 받고 삼화사에 당도하니 자물통으로 채워진 궤짝 하나가 주지실 한 귀퉁이에 놓여 있었다. '저 안에 뭐가 들었을까?' 큰 호기심에도 열쇠가 없어 열어 보기를 주저하고 있었다. 어느 날, '주지가 열지 못하면 누가 연단 말인가!' 하고는 자물통을 해체하고 궤짝 문을 열어젖혔다. 《화엄경》《법화경》등 50여 권의 경전이 쏟아져 나왔다. 원명 스님은 그중 낯선 두 권의 책자를 손에 쥐었다.

표제는 《중례문中禮文》이었고 내지 첫 면에는 '천지명양수
륙재의찬요天地冥陽水陸齋儀纂要'로 되어있었다. 조사 결과 하나
는 '덕주사본 천지명양수륙재의찬요'(강원도 유형문화재 제156호),
또 하나는 '갑사본 천지명양수륙재의찬요'(강원도 문화재자료 제
150호)였다.

"수륙재라는 단어에서 삼화사와 수륙재의 연결고리를 찾
았습니다. 《조선왕조실록》에 따르면 삼화사에서 수륙재가 처
음 봉행된 때는 태조 4년(1495)입니다. 태조 이성계가 조선 건
국 직후 고려의 마지막 왕인 공양왕과 귀족들을 귀양 보냈다
가 바다에 수장시키자 민심이 들끓었습니다. 흉흉해진 민심을
안정시키기 위해 수륙재를 지내도록 태조가 명했던 겁니다."

2001년에 '삼화사국행수륙대재보존회三和寺國行水陸大齋保存
會'를 결성하고 신도들과 함께 연구하며 해마다 수륙재를 시현
했다.

"거리가 멀어 왕이 직접 올 수 없었기에 임금이 삼척도호부
사에게 행향사行香使를 보내 수륙재에 쓸 향과 축문을 내려보
냈습니다. 삼화사 수륙재가 국가행사로 봉행됐음을 단적으로
보여줍니다."

궤짝에서 책을 발견한 후 10여 년의 각고 끝에 삼화사국행
수륙대재는 국가중요무형문화재 제125호로 지정됐고, 삼화사
국행수륙대재보존회 또한 보유단체로 인정받았다.

삼화사에 수륙재가 있다면 봉은사에는 생전예수재生前預修齋가 있다. 학계에 따르면 봉은사에서는 왕실의 지원으로 조선 시대 거의 전 시기에 걸쳐 생전예수재가 설행됐다고 한다. 원명 스님은 봉은사 주지 취임 직후 사단법인 봉은사생전예수재 보존회를 설립해 전통의례 연구와 함께 전통 그대로의 생전예수재를 매년 설행했다.

"망자를 위한 영산재, 수륙재와는 달리 생전예수재는 살아 있는 사람을 위한 재입니다. 죽음 이후 업에 따른 심판이 주된 내용입니다. 생전예수재를 통해 새겨야 할 건 선인선과善因善果, 악인악과惡因惡果, 권선징악勸善懲惡입니다. 불자가 아닌 사람들에게도 자기 성찰의 의미를 일깨울 수 있는 좋은 기회라고 생각합니다."

2019년 1월 생전예수재를 서울시무형문화재 종목지정까지 올렸다. 이후 사단법인 봉은사생전예수재보존회는 2019년 9월 27일 서울시무형문화재 보유단체로 인정받았다. 불교 3대 의례라고 하면 영산재, 수륙재, 생전예수재를 꼽는다. 원명 스님은 그중 수륙재와 생전예수재를 국가·서울시 무형문화재 반열에 올려놓았다. 자신이 머물고 있는 절의 역사와 문화를 꿰뚫은 통찰이 빚어낸 결실이다.

"재齋는 몸과 마음을 깨끗이 한다는 의미입니다. 그렇기 때문에 수륙재와 생전예수재에서 시현되는 예술적 특성을 감상

하는 것도 의미 있습니다만, 불자라면 그 자리에서 몸과 입과 생각을 맑게 하여 악업을 짓지 않겠다는 발원을 갖는 게 더욱 중요합니다."

불교의례에 깃든 깊은 의미를 들여다보아야 한다는 당부일 터다.

원명 스님은 주지 취임 후 봉은사 산문을 밤 12시까지 활짝 열고 불을 밝혔다. 도심 속 봉은사가 천년 동안 품어온 사찰미가 한밤의 별처럼 빛났다.

"봉은사 대중은 활기 가득한 봉은사를 소망해왔습니다. 또한 도심 한가운데서 쉼표 하나를 찍을 수 있는 '쉼터 공간'으로도 바라고 있습니다. 저는 그 뜻을 헤아려 현실화시키는 데 역점을 두며 종무행정을 살피고 있습니다."

수행 도량으로서의 품격도 잊지 않는다. 기존의 봉은선원·불교대학과 함께 불교전문대학원을 설립해 불교학과와 선학과를 신설했다. 체계적인 참선 교육을 자리매김하려는 노력이 엿보인다. 대웅전과 법왕루 등에서 사분정근을 비롯한 전각별 기도, 자비수참 철야기도 등을 봉행하고 있다.

"목탁 소리가 잦아들수록 전법의 힘도 약해진다는 건 2,500여 년의 불교 역사가 증명합니다. 절의 중심축은 수행과 기도여야 한다는 게 제 소신입니다."

요사채 하나를 신축하며 '매화당梅花堂'이라 했는데 그만한 이유가 있다. 사명대사는 임진왜란 당시 일본과 담판을 짓고 조선인 포로들을 구해 함께 귀국했다. 당시 일본에서 가져온 매화나무 한 그루를 봉은사에 심고는 주석처를 '매화당'이라 했다. 호국애민의 정신을 살리겠다는 원명 스님의 의지가 엿보이는 대목이다. 허응보우, 청허휴정, 사명유정, 백곡처능 스님을 비롯해 청호, 한암, 영암 스님으로 이어지는 역대 조사들의 위법망구爲法忘軀 정신도 새롭게 조명하고 있다.

돌이켜보면 원명 스님 취임과 함께 상서로운 일들이 많았다. 미국 경매에 나온 〈봉은사 시왕도十王圖〉가 60년 만에 귀환하였고, 양주 석굴암에 서 있던 일주문이 35년 만에 본래의 자리로 되돌아온 것이 대표적이다. 그리고 '봉은사 판전'이 서울특별시 유형문화재 제425호로 지정됐다.

건축불사도 차곡차곡 추진됐다. 2019년에는 답보 상태에 놓였던 '미륵대불 원불 봉안' 불사를 40년 만에 회향했다. 그리고 전통문화체험관, 신종루, 템플스테이 체험관이 준공되었다. 그 외에 운하당, 매화당, 서래각이 2019년 안으로 완공될 예정이다.

"주지로 부임했을 때 가슴이 아렸습니다. 초하루 법회 때 평균 2,500명의 신도님들이 참석합니다. 대중법회를 진행할 수 있는 공간은 대웅전과 법왕루, 보우당 정도인데 모두 합해도 1,000여 명 정도밖에 수용할 수 없습니다. 1,500여 명은 야외에 머물게 됩니다. 그러다보니 법회 도중에도 자리를 뜨는 분이 꽤 많았습니다. '절에 왔다가 법회도 다 못보고 발걸음을 돌릴 수밖에 없다니!' 다른 불사는 제쳐두고라도 신도님들이 머물 공간만은 최대한 확보하자고 작심했습니다."

봉은사 성역화 불사를 추진했던 연유가 여기에 있었다. 대작불사가 진행되면 시비가 일고, 지자체 등과의 갈등이 빚어지며 불사가 답보 상태에 빠지는 경우가 허다하다. 묘하게도 원명 스님이 머물고 있는 봉은사에서는 별다른 마찰음이 들리지 않는다.

"봉은사 주지 임명을 받고 대웅전 참배를 하며 '봉은사는 번창할 절'이라고 직감했습니다. 부처님 상호에 큰 복덕이 깃들어 있었기 때문입니다. 또한 종단 차원의 관심과 지원이 있었기에 가능했습니다."

봉은사 변모의 원동력은 부처님 가피라는 뜻일 터다. 그렇다 해도 지자체와 봉은사 대중을 품어온 그 힘이 어디서 비롯됐는지는 풀리지 않는다. 하여, 지침으로 삼고 있는 '한마디'를 여쭈었다. 원명 스님은 영축총림 통도사 보광선원 정진 시절 포행 중에 와닿았던 달마대사의 《혈맥론血脈論》 한 구절을 전했다.

밖으로는 모든 인연 쉬고

안으로는 마음의 헐떡거림을 없애라
장벽처럼 흔들리지 않는 마음이어야
도에 들었다고 하리라
外息諸緣 內心無喘 心如墻壁 可以入道

강원에서 들었던 한마디는 제방 선원에서 '이뭣고' 화두를
들며 정진하던 중 영롱하게 빛났던 것이리라. '모든 인연'은 번
뇌 망상과 직결되는 반연攀緣을 말함이다. 그러니 저 한마디는
세상사에 집착하지 말라는 뜻이기도 하다. 그런 수행자라야
평정심을 찾고 깨달음에 이를 수 있다는 메시지이기도 하다.
　"수행자는 이 땅 어디에 서 있어도 수행자이어야 합니다."
　삶 자체가 수행이어야 한다는 뜻이다. 봉은사 성역화 불사
에도 수행자의 기품이 배어갈 것이다. 아마도 원명 스님은 세
간에 회자된 계획보다 더 웅대한 청사진을 그렸을 것만 같다.
봉은사 대작불사가 회향되는 그날, 지금보다 더 격상된 '봉은
자긍심'이 도량에 가득할 것이다. 강북의 조계사와 함께 한국
불교를 상징하는 강남의 봉은사로 또 한 번 비약하는 날이기
도 하다. 그날을 기다리는 것만으로도 환희심이 솟는다.

불영자광佛迎慈光 스님

1957년 지리산 화엄사로 입산한 스님은 1963년에 해인사 강원 사집과를 수료한 후 1968년에 동국대학교 인도철학과 종비생 1 기로 졸업했다. 1970년 군승 중위로 임관해 1995년 대령으로 예편할 때까지 25년 동안 군 포교에 헌신했다. 1990년에 보국훈장 '삼일장'을, 1992년에 포교대상을 수상했다. 조계종 2대 군종교구장, 동국대학교 제39대 이사장을 역임했다. 현재 용인 반야선원 조실로 주석하고 있다. 저서로는《깨침의 소리》《멍텅구리 부처님》등이 있다.

삼보의 언덕 위 한 줄기 거룩한 빛

"양복을 입으라니요? 대통령에 당선된다 해도 양복 입을 일 없습니다. 저는 승려입니다!"

1954년 정화운동 이후 9년에 걸친 비구·대처간 분규 후유증은 1962년 조계종 통합종단이 출범해서도 도량 곳곳에 남아 있었다. 동국대도 그러했다.

1956년 7월 이후 동국대학교는 당연직 총장을 제외하면 '임시·관선 이사' 체제로 운영되고 있었다. 이는 동국대 자체 운영시스템이 사실상 붕괴됐음을 방증한다. 1962년 불교재산 관리법 공포 직후 유수의 사찰 대부분이 조계종으로 속속 등록됐지만 동국대는 대처승이 포진하고 있어 녹록하지 않았다.

불교계 인재양성 원력을 세웠던 선각자들의 혼이 담긴 동국대가 본 궤도에서 이탈했을 때 홀연히 뛰어든 장본인이 동국대 18대 이사장 학월경산鶴月京山(1917~1979) 스님이었다.

이사장실에 처음 발걸음한 그날, 학교 주요 관계자들은 "이사장이 된 이상 양복을 입고 넥타이를 매야 한다"고 했다. 승복을 버리고 양복을 입으라니! 조계종 승려로서 아연실색할 일이다. 그럴 수 없다고 단호히 거절했음에도 끝내 재봉사가 줄자를 들고 다가오자 진노를 보였던 것이다. 경산 스님의 일언이 한 번 더 떨어졌다.

"승복 입고도 이사장직은 수행할 수 있습니다!"

이제 막 비구가 된 제자는 스승의 위엄을 올곧이 지켜보았다. 53년 후, 그 제자는 동국대 39대 이사장으로서 그 공간에 다시 들어섰다. 자광慈光 스님이다.

3남 4녀 가운데 막내로 태어났다. 아버지는 6·25전쟁 때, 어머니는 아홉 살에 돌아가셨다. 경찰이었던 형님 집에 머무르며 학교를 다녔다. 유년 때 생긴 외로움은 청소년기에 접어들며 커져만 갔다. 불확실한 미래에 대한 불안감도 엄습했다. 전쟁 때 보았던 주검들이 눈앞에 서성거렸다.

먹먹한 가슴앓이 홀로 삼켜가던 어느 날 전주에서 만행 중인 한 스님을 만났다. 처음 본 스님에게 자신의 고충을 털어놓았다. 그렇게라도 해야 살 수 있을 것 같았다.

"학생이 품고 있는 문제를 해결할 수 있는 방법은 부처님 제자가 되는 길일세!"

"스님께서 은사가 되어주시겠습니까?"

"나는 객승客僧일세. 고찰에 가면 고매한 은사를 모실 수 있을 걸세. 지리산 화엄사로 가보게!"

1957년 화엄사 산문을 열었다. 자광 스님은《멍텅구리 부처님》에서 그때를 이렇게 회상했다.

'부처님에 비해 나는 포기할 것이 별로 없었다. 부처님이 포기했던 아내며, 자식, 재산, 왕자란 지위도 없었다. 하물며 부모도 없었다. 내가 포기한 것이라고는 너무 일찍 찾아온 시련으로 얻은 눈물 한 줄기, 고향 마을을 휘감아 돌던 싱그러운 바람 한 줄기뿐이었다.'

종비생宗費生(종단이 부담하는 학비로 공부하는 조계종 스님) 1기로 동국대 인도철학과에 입학한 자광 스님은 1970년 군승 중위로 임관해 1995년 국방부 군종실장(대령)을 끝으로 전역하기까지 25년 동안 군 포교에 매진했다. 군종실장 당시 군승법사 정원을 100여 명으로 확대한 장본인이 자광 스님이다. 수계 장병만도 46,000명이고 장병 상대 법회와 설법이 46,000회다.

군복을 벗고 승복을 다시 입어야 할 때 비구로서 결격사유가 없어야만 한다. 군에서 한 일들을 소상히 적어 총무원에 제출하고는 비구로서의 하자 여부를 심사해 달라고 자청했다.

단, 조건을 달았다.

"내가 종단에 복귀하는 데 아무 문제가 없다면 조계종을 대표하는 총무원장 스님이 직접 삭발해 달라."

당시 총무원장이었던 월주 스님은 아차산 영화사永華寺로 자광 스님을 초청하고는 정성을 다해 삭발해주었다. 군복을 벗고 승복을 입었지만 군 포교와 교정활동에 성심을 다했다. 조계종 2대 군종교구장(육·해·공군 사찰 지원을 위한 특별교구)을 역임한 자광 스님은 2016년 동국대 이사장으로 선출됐다. 이사장과 총장 선출을 둘러싼 내홍 후유증이 남아있던 시기였기에 신임 이사장 역할은 막중했다. 자광 스님은 동국대 현실을 통찰하고 취임 직후 진단과 해결책을 동시에 내놓았다.

"동국대는 지금 격랑에 휩싸인 나룻배와 같습니다. 각자 자기 자리로 돌아가야만 난파하지 않고 순항할 수 있습니다. 동력은 정관과 학칙을 기반으로 한 '원칙'에서 얻을 것입니다."

2018년 동국대에는 학교의 미래를 청명케 하는 두 개의 낭보가 연이어 날아들었다. 영국 대학평가 기관인 QS(Quacquarelli Symonds)의 '2018 세계대학평가'에서 세계 순위 432위, 국내 13위를 기록했다는 소식이 6월 전해졌다. 2013년 QS세계대학평가에 처음으로 참여한 이후 매년 순위가 상승해 지난해 471위를 기록했는데 무려 39계단을 뛰어오르며 역대 가장 높은 성적을 냈다. 2015년 전후로 1년 넘게 내홍이 일었던 점을 감안하면 놀라운 성과다. 10월에는 '2018 중앙일보 대학평가'에서 종합순위 17위라는 보도가 나왔다. 종합순위는 전년도와 같지만 '평판도' 순위가 20위였다. 2016년 기점으로 3년 연속 상승한 기록이다.

총장과 교수진, 교직원과 학생들의 열정이 빚어낸 쾌거다. 그리고 동국대 이사회의 물심양면 지원도 있었기에 가능했다. 그 중심에 이사장 취임 직후 원칙을 천명한 자광 스님이 있다.

자광 스님이 손님을 접견하는 이사장실 탁자에는 늘《동국대학교 규정집》이 놓여있었다. '원칙을 따르라!'는 무언의 일갈일 터다.

"탐욕, 분노, 어리석은 마음으로 점철된 삼독심三毒心을 품고 학교를 바라보는 순간 학내 갈등은 촉발됩니다. 동국대 규정은 학교를 올곧게 세우는 법입니다. 이 법에 준해 말하고 행동하면 문제될 게 하나도 없습니다. 어떻게 해야 할지 모를 때 규정집을 보라 했습니다. 길이 보입니다."

자광 스님은 취임 직후 동국대 전 임직원과 교수, 학생들에게 한 가지를 당부했다. "조계종은 동국대를 설립한 주체다. 설립자의 위상을 흔들면 안 된다." 학교에서 불거진 갈등을 종단으로 확산시키는 것을 경계한 일언이기도 했지만 동국대에 서려있는 조계종의 원력을 허투루 보지 말라는 일침이었다.

"동국대는 사찰이 허리띠를 졸라매고 세운 학교입니다. 학교재원 확보를 위해 조계종의 유수 사찰들은 소유하고 있던 땅을 아낌없이 내놓았습니다. 1963년 제5차 조계종 중앙종회에서는 종단에 무상으로 기부된 사찰림을 학교법인 명의로 일괄 이전하자는 결의도 했습니다."

학교에 대한 종단적 애정은 실로 엄청났기에 동국대는 지금도 대규모 학술림을 보유하고 있다. 1960년대 당시의 임야가 부동산 가치로서는 최고였다는 사실을 상기하면 동국대를 향한 조계종의 애정이 수미산보다 컸음을 확인할 수 있다.

자광 스님은 한때 서울 명문 사립대를 일컬을 때마다 '동성고'가 회자된 사실을 전했다. 동국대, 성균관대, 고려대를 뜻하는데 성균관대와 고려대보다 동국대가 한 수 위였음을 시사한다. 하루빨리 그 위상을 되찾아야 한다는 것이다.

"교수님들을 만났을 때 작심하고 한마디 한 적이 있습니다. '동국대에 머무르는 이유가 밥을 먹기 위한 것이라면 그건 너무 궁색하다. 이 교정에서 노벨상 수상자가 나올 수 있다면 저는 목탁 들고 전국 사찰을 순례하며 동국대를 지원하겠다'고 공언했습니다."

자광 스님의 '논산 호국 연무사' 대작불사를 인지하는 교수라면 자광 스님의 공언을 허투루 들었을 리 없다. 정말이지 발이 닳도록 전국 사찰을 돌았다. 건축불사였던지라 '사기'도 당했다. 몸은 야위고 혈압은 높아갔다. 끝내 심장혈관 스탠드 시

술을 받았다. 당뇨도 그때 발병했다. 그렇지만 끝내 3,000명을 동시에 수용할 수 있는 웅대한 법당을 세웠다.

한국 최고의 대학, 세계일류 대학으로 비약시키겠다는 웅지를 품으라는 당부요 경책이었을 터다. 이와 더불어 자광 스님은 "우리 학교에 팔만대장경이 있다는 사실을 늘 가슴에 새겨 달라"고 당부했다고 한다. 어떤 의미일까.

우리는 현존 세계 최고의 대장경인 고려대장경을 갖고 있다. 체재와 내용에 있어서 가장 완벽한 대장경으로 평가받고 있다. 동국대는 고려대장경과 더불어 북경판 티베트대장경 영인본도 소장하고 있다. 그리고 하나 더 있다. 인도에서 건너온 티베트대장경이다. 달라이라마가 동국대에 보내온 것으로 티베트인들이 인도로 망명갈 때 지고 간 그 대장경이다. 외무부와 뉴델리 총영사관의 협조 속에 인도에서 수송된 이 대장경의 봉수식은 1967년 9월 동국대 중강당에서 봉행됐다. 그 법석에서 달라이라마의 메시지가 전해졌다.

"티베트대장경을 연구해주십시오. 그리하여 동양 제일의 불교를 이룩해 주십시오!"

고려대장경과 티베트대장경을 관통하는 건 '철학과 신앙'이다. 자광 스님이 교수들에게 전하고 싶었던 건 돈독한 신심을 토대로 한 밀도 높은 연구업적을 쌓아가며 '세계 최고의 불교학'을 구축해달라는 것이다. 한걸음 더 깊이 들어가면 불교대학을 향한 바람이기도 하다.

"세계인들이 공대 하면 MIT를 떠올리듯 불교 하면 동국대를 상기하는 날이 반드시 와야 합니다. 우리의 잠재력은 충분합니다."

군승 재임 때 자광 스님은 총알이 난무하던 사선 한가운데로 유유히 걸어 들어간 적이 있다. 한 전방 부대의 삼청교육대三淸敎育隊(1980년 5월 17일 비상계엄이 발령된 직후, 국가보위비상대책위원회가 사회정화정책의 일환으로 군부대 내에 설치한 기관이며 제5공화국 전두환 정권 초기 대표적인 인권침해 사례로 꼽힌다)에서 교육생이 총기를 탈취해 막사로 들어가 기간병들과 대치하는 사건이 발생했다. 칠흑 같은 어둠 속에서 자동차 라이트를 켜 놓은 채 대치하고 있는 현장으로 달려갔다. 《멍텅구리 부처님》에 당시의 상황이 상세히 기록돼 있다.

'현장에 가보니 군은 계속해서 그들을 설득하고 있었는데, 막사에서 총알이 날아올 뿐 도무지 진전이 없었다. 그러다보니 현장으로 가까이 접근할 길이 없었다. 이제 나설 수 있는 사람은 스님인 나뿐이었다. 거기서부터는 생명이니 두려움이니 하는 단어들은 사치일 뿐이었다. 무조건 앞으로 나가야 했다. 나는 메가폰을 들고 교육생 막사를 향해 외쳤다. "나는 군인 스님이다. 내가 막사로 들어갈 테니 총을 쏘지 말아라!" 나는 웃옷을 벗고 하얀 러닝셔츠 차림으로 철조망이 쳐진 막사

길을 조심스럽게 걸어갔다.'

그 담담한 용기의 원천은 어디서 솟은 것일까?

"군 포교, 그거 목숨 내놓고 하는 겁니다."

그러고보니 군종법사로 월남전에 파병되었을 때 베트콩에게 포로가 되었음에도 그들을 상대로 설법하고 풀려난 자광 스님이다. 하나 더 여쭈었다. 군법사에서 승려로 돌아오지 않고 환속하는 경우가 허다하다. 승가로 다시 돌아온 이유가 궁금했다.

"군법사軍法師 이전에 저는 화엄사로 출가한 스님입니다. 군대에 있을 때도 저 자신이 승려임을 잊은 적은 단 한 번도 없습니다."

군인들이 가족을 염려하며 국방의무를 수행할 때 자광 스님은 이렇게 기도했다고 한다. '전방에 서 있는 내가 열심히 해야 후방의 스님들이 마음 놓고 수행한다.'

은사 경산 스님의 일화가 다시 떠올랐다.

"양복을 입으라니요? 대통령에 당선된다 해도 양복 입을 일 없습니다. 저는 승려입니다!"

혼돈의 동국대가 단시일에 안정을 찾을 수 있었던 건 위공망사爲公忘私를 품은 비구 자광 스님이 굳건히 서 있었기에 가능했다.

오늘처럼 동국대 교정에 불심이 흐르는 한 '거룩한 삼보의 언덕 위에 한 줄기 눈부신 동국의 빛'은 사라지지 않을 것이다. 조계종 종립대학이 세계 최고의 대학으로 도약하는 그날을 꿈꾼다.

선묵혜자禪默慧慈 스님

충북 충주 출생. 14세 때 도선사에서 청담 스님을 은사로 출가.
조계종 총무원 문화부장, 청담학원 이사장, 혜명복지원 이사장,
한국문학평화포럼 이사 등을 역임했다. 노인복지 공로 대통령
포장(2002), 캄보디아정부 금관 공로훈장(2006), 네팔 평화훈장
(2008) 등을 수상했다. 주요 저서로는《마음으로 찾아가는 108
산사》《마음을 맑게 하는 부처님 말씀 108》《절에서 배우는 불
교》《캄보디아》《빈 연못에 바람이 울고 있다》등이 있다.

마음 너머 평화를 향해 걷는다

2009년 9월 24일 범어사에 이색 풍경이 연출됐다. 한 번에 2,000여 명의 참배객이 경내에 들어선 것이다. 대웅전과 보제루 사이의 넓은 공간을 단번에 꽉 메우는 것은 아주 이례적인 일이다. 24일 하루만의 일도 아니다. 26일까지 연 삼일 동안 지속됐는데 범어사를 참배한 인원이 하루 2,000명씩 6,000명에 이른다. 그 주인공은 혜자慧慈 스님이 이끄는 '108산사순례기도회.'

2006년 '108산사순례기도회'가 발족된 후 그해 10월 통도사로 길을 떠났던 첫 순례는 9년간의 대장정을 거쳐 2015년 10월 회향했다. 총 54만 명이 탑승한 순례버스는 817만 킬로

미터를 달렸다. 지구를 204바퀴 휘감은 수치다. 혜자 스님의 남다른 원력 없이는 이러한 대장정은 계획할 수 없을 뿐만 아니라 불자들의 동참도 이끌어 낼 수 없었을 것이다.

혜자 스님의 순례기도회 성공은 전국에서 '108사찰 순례' 붐을 일으켰다. 부산 홍법사와 해운대 부처님마을 등에서 '걸망 메고 떠나는 108산사 순례'가 등장했고, 부산 해운정사, 서울 대림포교원, 울산 영묘사, 부산 미타선원 등 수많은 사찰에서 '108'을 테마로 한 성지순례를 운용했다.

청담靑潭(1902~1971) 스님이 주석했던 참회도량 도선사에서 혜자 스님을 만났다. 108순례길에 불자들이 운집했던 연유가 분명 있을 것이라 확신했기 때문이다.

"2006년 5월 중국 법문사와 도선사가 형제결연을 맺었습니다. 도선사 신도 108명도 함께 했지요."

도선사와 법문사의 인연은 각별하다. 2005년 12월에 법문사에 봉안된 부처님 지골사리를 도선사로 이운한 후 사리친견 대법회를 봉행할 만큼 도선사와 법문사와의 인연은 깊었다.

"법문사를 찾은 불자들의 환희는 대단했습니다. 도선사를 떠나 이역만리 중국 사찰을 참배하러 왔으니 설렘과 신심이 한데 어우러져 나타난 거지요. 그때 한 생각이 스쳤습니다. '그래, 도선사 신도 108명이 법문사 참배하듯 우리나라 전국 사찰을 불자들과 함께 다녀보자!' 마침 출간 준비 중이던 책도

《마음으로 찾아가는 108산사》였습니다."

혜자 스님은 열네 살 때 청담 스님을 은사로 출가했다. 사문의 길을 걷는 동안 돌아본 사찰이 어디 108개뿐일까! 거르고 걸러 불자라면 꼭 한 번쯤 참배해야 할 사찰을 가려 뽑아 정리했다. 스님은 순례기도회를 모집하기 시작했고 원고를 마감해 《마음으로 찾아가는 108산사》를 출간했다. 제목 앞에 '선묵혜자 스님과 마음으로 찾아가는' 부제를 달았다. 순례단과 모든 여정을 함께 하겠다는 의지가 역력히 보인다. 첫 순례 모집에 2,700여 명이 모였다. 전국 108산사 가운데 어느 산사를 향해 첫걸음을 뗄까!

"첫 순례길인만큼 고민이 많았습니다. 해인사, 송광사, 통도사 3대 사찰 중 한 사찰을 정해야 하는데 쉽지 않았어요. 그때 산사순례 첫 생각을 일으킨 법문사가 떠올랐습니다. '그래 이 아이디어는 부처님이 주신 것이다. 부처님 사리가 안치된 불보종찰 통도사를 첫 순례지로 정하자'고 결론 내렸습니다."

통도사에 운집한 2,700여 명의 대중은 혜자 스님의 목탁 소리에 맞춰 석가모니 정근을 시작했다. 부처님께 귀의한다는 서원을 새롭게 세워보는 법회다. 순례객의 참회기도와 정근에 감동한 통도사는 스님들의 수계식이 아니면 근접조차 어려운 금강계단의 문을 활짝 열어주었다. 순례객의 금강계단 참배가 지속되는 동안 하늘에는 청정무구의 무지개가 떴다. 첫 순례길에서 금강계단을 참배하고 무지개까지 보았으니 당시 불자들이 느꼈을 환열歡悅은 짐작조차 어렵다.

첫 법회에서 혜자 스님은 의미 있는 일상수행 지침을 제시했다. 1년 열두 달에 맞춰 원력기도(1월), 일심광명(2월), 정진(3월), 지계(4월), 자비지혜(5월), 국태민안기원(6월), 인욕(7월), 효행(8월), 기도발원(9월), 문화체험(10월), 자애(11월), 보시참회(12월)를 실천해가자는 제안이다.

"월별 주제에 따른 기도를 하면 그에 맞는 실천도 뒤따를 거라 봅니다. 1년 365일 하루하루가 다 수행지계의 날이 되는 셈입니다."

순례단 규모는 해를 거듭할수록 커졌다. 순례길에서 다져진 신심은 산사 밖 세간으로 이어져 복지, 다문화가정 등의 지원에도 남다른 애정을 보였다. 일회성 행사가 아니다. '108산사순례기도회' 회원과 다문화가정과의 결연, '농촌살리기 캠페인'은 전국 사찰의 롤모델이 되었다. '농촌살리기'가 이례적인데 그 시작은 이러했다.

법보종찰 해인사 참배 일정을 마치고 일주문을 나서는데 불자들은 버스에 오르지 않고 무언가에 정신이 팔려있었다. 상점은 물론 좌판에도 삼삼오오 몰려 있기에 유심히 보았더니 시금치나 고사리 등 나물이나 과일을 살피고 있었다. 서울 길이 녹록치 않으니 어서 승차하라는 혜자 스님의 재촉에 어쩔 수 없이 차에 올랐지만 신도들의 섭섭함은 출발한 버스 안에서도 계속됐다.

"먼 길을 떠나 왔는데 꼭 산사에서 기도만 하다 가야 하느냐는 푸념이 있었습니다. 기도하러 와서 '청정심을 찾아야지 나물을 찾으면 되겠느냐?' 반문했지만 저도 미처 생각하지 못했던 말씀들을 하는 겁니다. 좌판을 벌이고 있는 할머니나 아주머니가 꼭 친정어머니 같고 시어머니 같아 '그냥 지나칠 수 없었다'고 말입니다. 그러면서 청정지역에 난 나물 한 움큼이라도 가족들에게 줄 수 있으면 주는 사람도 받는 사람도 청정해지지 않느냐는 겁니다."

혜자 스님은 직접 서울 청량리와 동대문 시장 등을 돌아보았다. 수입 채소와 과일이 어떤 방식으로 보관되고 유통되는지 눈으로 보고는 먹거리의 심각성을 실감했다. 국내 농산물의 경우 생산 현지와 시장에서 거래가 차이가 엄청나다는 사실 또한 알게 됐다. '배추가 금값이면 농촌 사람 지갑도 두둑해졌을 것'이라는 생각이 착각이란 사실도 그때 알았다. 2007년 서울 장충체육관에서 '농촌살리기 선포식'을 열고는 곧바로 '직거래 장터 개설 캠페인'을 시작했다. 하여, 108산사순례 기도회가 가는 날이면 산사 앞에는 늘 장이 선다.

마음이 하나로 모이면 산도 움직인다 했다. 도선사는 물론 전국 각지에서 운집한 불자들의 신심공덕은 한국에만 머무르지 않았다. 스리랑카와 캄보디아, 네팔 등의 현지에도 한국 불자들의 정성이 깃들었다. 2008년에는 네팔 현지에 초등학교 '선혜학교'를 개원한 후 순례단 108명과 네팔 학생 108명이 결연을 맺었다. 또 같은 해 '108산사순례기도회'는 네팔에 부처님 진신사리를 봉안하기도 했다. 인도 쿠시나가라 열반당에 봉안됐던 진신사리 8과를 품에 안은 혜자 스님은 부처님을 고향땅에 모시고 세계 평화를 기원하겠다며 부처님 탄생지인 네팔 룸비니 동산에 그 사리를 봉안했다. 네팔 현지 언론은 '2552년 만의 붓다 귀향'이라며 대서특필 했다.

당시 네팔은 내전 중이었는데 희유하게도 진신사리가 봉안되면서 전쟁이 종식됐다. 네팔 국민들 사이에서는 '부처님 가피가 내려진 것'이라며 지금도 회자되고 있다. 간과해서는 안 될 점은 네팔 룸비니에 부처님 진신사리를 봉안한 건 한국의 '108산사순례기도회'가 세계 최초라는 사실이다. 그러고보니, 순례단은 '산사'가 아니라 '마음'을 향해 걷는 듯하다.

스님은 2013년 룸비니에서 직접 채화한 평화의 불씨를 임진각을 비롯한 전국 곳곳에 전하며 남북통일과 세계평화를 기원하고 있다.

"캐치 프레이즈를 걸었습니다. '108배를 올리며 108번뇌를 소멸하고, 108선행을 하며 108공덕을 짓자'는 겁니다. 한 사찰을 찾을 때마다 이러한 행을 한다면 대장정을 마친 그날 1년

365일이 보현행을 실천하는 날임을 깨닫기를 바랐던 겁니다."

처음 산사 순례를 떠날 때 혜자 스님은 소풍가는 기분으로 길을 떠나자고 했다. 어릴 적 소풍을 기다리는 천진한 마음으로 돌아가자는 의미가 담겨 있다. 그러나 산사에서 올리는 참회기도와 108배에는 극진한 정성이 배어 있다.

"산사에 얽힌 이야기도 가슴에 담고, 시공을 초월한 옛 선지식들의 숨결도 느껴보아야 합니다. 그래야 부처님이 전한 말씀에 좀 더 가까이 다가갈 수 있습니다. 산사 순례는 참회와 기도를 통한 재발심의 여정이어야 합니다."

108산사 순례길에는 이상하리만치 무지개가 자주 뜬다. 이를 지켜본 불자들은 불보살님의 가피라 믿는다.

"참다운 나를 찾아가는 길목에 무지개와 같은 상서로운 빛이 어리니 가피인 건 분명합니다. 그러나 현장에서 차오른 환희에만 머물러서는 안 됩니다. 서광을 본 인연을 귀하게 여겨 좀 더 발심하고 더 큰 원력을 세워야 합니다. 이적 현상이라는 생각에 머무른다면 그 또한 집착일 뿐입니다."

혜자 스님이 이렇게 말하는 연유가 있다. 도선사 주지 첫 부임 후 33일 관세음기도를 올렸는데 어느 날 꿈에서 은사 청담 스님을 만났다. 도량을 유유히 걷던 청담 스님은 한 지점에서 발걸음을 멈추고는 환한 미소를 보였다. 청담 스님 머문 자리에 넉넉한 웃음을 선사하는 포대화상을 앉힌 혜자 스님은 이후 가람을 정비해갔다. 2004년 7월 또 한 번의 33일 관세음 기도를 올렸는데 기도 회향 당일 청담 스님 석상 뒤편 하늘에 서광이 비쳤다. 언뜻 보아도 '일심一心'의 형상을 띤 무지개다.

일심은 경전이나 선어록 등에 자주 등장하지만 한마디로 규정하기란 어렵다. 사념 없는 마음도 일심이요, 추호의 의심도 떨쳐버린 것도 일심이라 한다. 혜자 스님은 '마음을 다하라'는 의미로 가름했다.

"불사, 수행, 복지 그 무엇이든 목전에 둔 일에 마음을 다해 매진하라는 가르침으로 받아들였습니다. 단, 삿된 생각이 든 '마음 다함'이 아니라 청정심을 바탕으로 한 '마음 다함'입니다. 서광을 본 이후 가람불사를 비롯한 도선사의 모든 일을 자신있게 추진해갔습니다. 108산사 순례도 끊임없이 이어가기란 여간 어려운 일이 아니었지만 그대로 밀고 나아갔지요. 불보살님의 가피가 항상 있을 거라 '꽉' 믿은 겁니다. 이후 도선사 일은 모두 순조롭게 흘러갔습니다."

도선사 가람 불사를 잘 해놓으면 명성을 얻을 것이라는 생각, 대규모 순례단을 이끌고 절에 가면 엄청난 환대를 받을 것이라는 바람 등의 '삿된 마음'이 서렸다면 도선사 가람불사는 회향하지 못했을 것이고 108산사 순례 또한 도중에 중단되었을 것이다. 하늘에 뜬 '일심'을 부처님 법에 맞게 재해석하여 실천에 옮겼기에 가능한 일들이다.

"순례길에 동행하신 불자님들도 불보살님의 가피를 믿고 정진하면 어느 날엔가 '스스로의 마음을 맑게 하는 것, 이것이 곧 모든 부처님의 가르침이다(自淨其意 是諸佛教)'라는 뜻을 명료하게 알게 될 것입니다."

가피를 믿고 청정한 마음으로 정진하면 가피가 내려져 열매를 맺는다는 가피의 선순환을 말하고 있음이다.

참회기도와 발심서원 그리고 실천행을 통한 공덕을 지으며 떠나는 산사 순례길이니 '곳곳이 부처님이요 모든 일이 불공(處處佛像 事事佛供)'이다. 한마디로 '108산사 순례'는 '길 떠나기'를 넘어 법석法席 그 자체였다. 혜자 스님은 이 법석에 참여할 때마다 염주 한 알을 일일이 한 사람 한 사람에게 선사한다. 108산사 순례 대장정을 마친 사람은 108염주를 스스로 엮어 내리라. 그 사이 108번뇌를 다 씻어낸 청정한 자신도 발견할 터이다.

'선묵혜자 스님과 마음으로 찾아가는 108산사순례기도회'는 혜자 스님 홀로 이끄는 게 아니었다. 선두에 스님이 서 있을 뿐이었다. 순례를 선도한 건 불자들의 청정심이다.

'108산사 순례'를 회향한 혜자 스님은 다시 '53기도도량 순례'를 떠나며 '거룩한 행보'를 이어가고 있다.

금곡정념金谷正念 스님

1982년 출가하여 낙산사, 흥천사에서 불사도감을 맡으며 정진
하고 있다.

바람길처럼 배려하는 마음으로 열어야

숭유억불의 조선시대에도 왕실 보호를 받았던 서울 돈암동의 유서 깊은 산사 흥천사興天寺는 1962년 조계종 통합종단 출범 이후 오히려 제자리를 잃고 말았다. 사찰의 대표권은 조계종에 있었지만 이웃 종단 스님들이 점유해 살며 관리 감독하는 기형구조였다. 여기에 22세대나 되는 가구가 불법으로 입주해 있었다.

이로 인해 사찰기능은 마비되었고, 종단 불사라는 미명 아래 흥천사 소유의 땅은 계속해서 팔려나갔다. 이러한 과정에서 불미스러운 의혹까지 생긴 흥천사는 '복마전伏魔殿'이라는 불명예마저 떠안아야 했다. 금곡정념金谷正念 스님이 주지 소임을 맡기 전까지 흥천사에 걸린 연등이 십여 개에 불과했다는 사실이 반증한다.

어려서 부모님을 여읜 소년은 초등학교 6학년 때 처음으로 죽음에 천착했다.

'나를 낳아준 부모님이 죽었다. 사람은 죽는다. 살아 있는 나에게도 죽음은 닥쳐올 것이다. 죽음이란 무엇인가?'

인류가 던지는 형이상학적 질문 중 가장 핵심적인 물음을 스스로에게 던진 소년은 그때부터 생자필멸生者必滅 너머의 그 무엇인가를 찾아보려 무던히도 애를 썼다. 누군가는 '언젠가는 죽는 게 아니라 처음부터 죽게 결정되어 있다'고 했고, 누군가는 '태어난 순간 죽음을 향해 가는 것'이라고 했다. 또 누군가는 '삶과 죽음은 늘 함께 하는 것'이라고도 했다. 사유의 깊이를 더해주기는 했지만 의문은 풀리지 않았다.

고등학교 때 금산 보석사로 발걸음했다. 그곳에서 해인사 강원을 다닌다는 스님에게 금과옥조를 얻었다.

"태어난 것은 반드시 죽는다. 죽은 것은 반드시 다시 태어난다."

금곡 스님이 출가를 단행한 건 죽음에 대한 실마리를 풀어줄 그 무엇인가가 절에 있을 것이라는 확신이 섰기 때문이다.

법명 정념正念은 조계종 종정(3대~4대)을 지낸 고암상언古庵祥彦(1897~1988) 스님이, 법호 금곡金谷은 '변하지 않는 설악산

계곡이 돼라'는 뜻으로 설악산 신흥사 조실 설악무산雪嶽霧山
(1932~2018) 스님이 지어주었다.

촛불 하나가 다른 촛불에게 불을 옮겨 준다고
그 불빛이 사그라지는 건 아니다

벌들이 꽃에 앉아 꿀을 따간다고
그 꽃이 시들어가는 건 아니다

박노해의 시 〈나눔의 신비〉 첫 구절이 떠오른 건 금곡 스님
에 대한 기대 때문이었다. 그 기대는 흥천사 주지 소임을 맡은
직후 대중에게 전한 의미 깊은 한마디에서 비롯됐다.
"불교신자를 만들겠다는 생각을 버리고, 누구나 편하게 쉬
었다 갈 수 있는 쉼터와 같은 도량으로 가꾸어 가겠습니다."
내 절, 내 종교보다는 우리 산사, 우리 종교를 꿈꾸고 있음
이다. '내 것'이 아닌 '우리 것'이 되려면 나눔이 동반되어야만
한다. 금곡 스님의 나눔 철학은 무엇인지 궁금했다. 기와 한
장 부처님 전에 올려달라는 '기왓장 보시'로 화마가 삼킨 낙산
사洛山寺를 다시 세운 금곡 스님이다. '나눔의 마음'에 낙산사
복원 동력이 더해진다면 그 힘은 태산을 옮겨 놓고도 남을 터
이니 흥천사의 대변모를 기대해도 좋을 것이다.

"백담사 조실 설악무산 큰스님께서 이르셨습니다. '낙산사 복원과 정념은 하나다. 정성스레 복원하면 살 것이요, 정성스레 복원되지 않으면 살아도 죽은 것이나 다름없다.' 지금도 생생합니다."

불길에 타들어가는 낙산사! 스님은 지금도 당시 심정을 말로 표현하지 못하고 먹먹해 할 뿐이다. 낙산사 주지 발령은 2005년 4월 화재 발생 보름 전에 받았다.

"잿더미 위를 발굴조사해서 천년고찰의 원형을 복원하자! 저에겐 이게 화두였습니다. 하지만 먼저 보아야 할 게 있었습니다. 당시 주택 160가구가 불에 탔습니다."

5만원 상품권을 주민들에게 나눠주었다. 당장 구호품도 도착하지 못했으니 라면이나 빵으로라도 끼니를 해결해야 하지 않겠는가. 주민들은 놀랐다. '낙산사도 불탔는데 생면부지의 주지스님이 우리를 먼저 살피시다니……'

"조실 큰스님께서 말씀하신 바가 있습니다. '네 이웃의 눈에서 눈물 나게 하지 말라.' 종교 여부를 떠나 그들도 화마를 당한 피해자고, 낙산사 이웃입니다."

인재라며 분노하던 주민들부터 달랬다.

"화만 낸다고 사태 해결이 되는 게 아니라고 설득했지요. 쉽지 않았습니다. 그래서 약속했어요. 낙산사는 못 지어도 여러분 집은 지어주겠다고!"

정부와 관계기관을 맹비난하는 현수막을 철거했다. 대신 '읍소'의 현수막을 걸었다. '대통령님 살려 주십시오', '산림청장님 나무를 심어주십시오', '농림수산부 장관님 벼를 심어주십시오.' 투쟁 대신 화해를, 반목 대신 공생을 선택한 지혜가 돋보인다.

"자비 앞에 적은 없습니다. 배려할 일과 용서할 일이 있을 뿐입니다. 더욱이 천재지변 앞에서는 냉철해야 합니다."

난제에 봉착할 때마다 대중 앞에 고개를 숙였다.

"모든 건 제 부덕의 소치입니다. 여러분, 도와주십시오."

금곡 스님의 큰 품과 불굴의 의지에 주민들도 고집을 꺾었다. 낙산사, 주민, 정부는 함께 머리를 맞대며 공생의 묘책을 찾아 사태를 해결해갔다. 답보 상태에 놓였던 '기왓장 보시'도 새 활로를 찾았다. 교계 사부대중은 물론이고, 이웃 종교인들까지 가세해 낙산사 복원 불사에 힘을 보탰다. 그러나 금곡 스님은 결코 불사를 서두르지 않았다. 가람배치부터 전문가들과 상의하며 심혈을 기울였다.

"화마를 겪으면서 배운 게 하나 있습니다. 물길이나 사람 길 막지 않듯이, 바람길도 함부로 막으면 안 된다는 겁니다. 복원불사를 추진하면서 주안점을 둔 것 중 하나가 사람 길과 바람길을 열어두어야 한다는 것이었습니다."

나무와 꽃, 암자와 정자, 전각과 연못, 절과 바다를 잇는 낙산사 길이 시원하면서도 푸근히 다가오는 건 사람과 자연을 향한 세심한 배려로 빚은 불사였기 때문이다.

그럼에도 한 가지 의문이 해소되지 않는다. 그 나눔의 마음, 어디서 출발한 것일까? 조실스님으로부터 '네 이웃의 눈에서 눈물 나게 하지 말라'는 말씀을 듣고 이를 실천한 것뿐이라 하지만 뭔가 더 있을 듯하다.

"큰스님 말씀은 골수입니다. 큰 가르침이니 깊게 새겨들어야 하지요. 새겨들었다면 실천해야 하고요. 그뿐입니다. 다만, 그 이전에 작은 마음 하나 낸 게 있다면……"

금곡 스님은 봉정암 시절에 젖었다. 강원을 졸업한 스님은 100일 기도를 올리는 마음으로 설악산 오세암과 봉정암을 오르내리며 10년 동안 설악산에 머물렀다. 지금의 봉정암과는 달리 당시 암자에는 편의시설이란 게 전혀 없었다. 따뜻한 물에 목욕 한번 해보는 게 소원이었을 정도다. 지금도 그렇듯 당시에도 수많은 등산객들이 봉정암을 찾았다. 금곡 스님은 그들을 위한 불사 하나를 시작했다.

"라면 하나 끓여 드리는 겁니다. 그것도 여의치 않으면 시원한 물 한잔 건넸습니다."

한겨울에 칼바람을 헤치고 절을 찾은 사람들, 한여름에 뜨거운 태양을 등에 지고 암자에 닿은 사람들에게 그보다 더 좋은 공양은 없다.

"눈빛에서 알 수 있었습니다. 그들이 얼마큼 고마워하고 행복해 하는지. 타인을 기쁘게 하는 일이 그리 어려운 게 아니구나 싶더군요. 작은 것 하나도 나누면 '나와 너'가 모두 행복할 수 있다는 사실을 그때 처음 감지한 듯싶습니다."

금곡 스님은 인도 보드가야로 향했던 1998년을 회고했다. 무릎을 꿇고, 두 팔꿈치를 땅에 붙이고, 머리가 땅에 닿도록 절을 올렸다. 오체투지五體投地는 49일 동안 이어졌다. 어느 날은 천 배, 어느 날은 이천 배, 또 어느 날은 삼천배를 올렸다. 그리고 보드가야 대탑 곁을 흐르는 네이란자라 강변을 따라 걷고 또 걸었다.

"일주문에 들어선 이후의 제 삶을 반추해보았습니다. 열심히 산 것 같기는 한데 뭔가 부족하다는 생각을 떨칠 수 없었습니다. 그러다보니 '이 시대가 필요로 하는 불교는 무엇인가?'라는 물음에 이르렀습니다. 긴 시간 끝에 '팔만대장경 속 불교로만 남아서는 안 된다. 자비의 꽃으로 피어야 한다'는 결론을 내렸습니다."

침묵의 시공간에서 얻은 대보大寶다. '금곡의 나눔' 시원은 보드가야였음을 알겠다.

2003년 봉정암 주지로 부임하며 도량정비에 나섰다. 태풍에 훼손된 길을 정비하고 해우소를 비롯한 대중 편의시설에 만전을 기했다. 도량을 정비하고 나니 불자는 물론 등산객이

기존보다 더 찾았다. 당시만 해도 공양 시간이 지나면 밥 한 그릇 얻을 수 없었다. 금곡 스님은 이를 조정했다. 밤 열두 시부터 새벽 네 시를 제외한 시간에도 공양할 수 있도록 했다. 이 사실을 접한 등산객들은 설악산 소청·중청에서도 한 끼 공양을 위해 단숨에 달려왔다.

"불자가 아니라고 공양 못할 이유가 없지요. 부처님이 상주하시는 도량에 들어선 이상 그냥 돌려보낼 순 없습니다."

봉정암에서 천 원을 넣는 커피자판기가 스님 눈에는 거슬렸다. 자판기 옆에 100원짜리를 수북이 쌓아놓았다. 등산객이든 신도든 누구나 무료로 마실 수 있게끔 했다. 낙산사에서도 그랬다. 매년 10만여 명에게 나누는 국수 한 그릇 공양한 후 의상대로 향하다 커피자판기를 본 적이 있다. 그때도 자판기 옆에 100원짜리 동전이 있었다. '공짜'와는 다른 개념이다. 옆에 있는 동전을 넣었으니 '공짜'는 아니다. 다만 그 동전이 내 주머니에서 나온 게 아니라 사찰에서 내놓았다는 것만 다르다. 여운이 드리워진다. 작은 선물 하나 안은 푸근함이랄까! 박노해의 시 〈나눔의 신비〉 다음 구절이 지나간다.

내 미소를 너의 입술에 옮겨준다고
내 기쁨이 줄어드는 건 아니다
빛은 나누어줄수록 더 밝아지고

꽃은 꿀을 내줄수록 결실을 맺어가고
미소는 번질수록 더 아름답다

　금곡 스님의 나눔과 불사 동력이 이해됐다. 둘이 아니었다. '나눔'을 통한 자비가 불사의 원동력으로 작용했다. 금곡 스님은 언젠가 행정이나 불사도 놓고 '걸림 없이 살고 싶다'고 한다. 그래도 바람이 있다면 한 가지.

　"향기는 있었으면 합니다. 누군가 홍천사나 낙산사, 봉정암을 찾았을 때 '아, 그때 그 스님, 그때 차 한 잔, 그때 국수 한 그릇' 이런 아련함이 떠올랐으면 합니다. 아, 이것도 욕심이군요. 바람길 열어놓듯이 제 마음부터 열어야겠지요. 그럼 다 행복하겠지요."

　시간이 지날수록 낙산사에 이어 홍천사에도 금곡 스님의 향훈이 배어갈 터다. 어느 산사에 닿아도 초심을 잃지 않고 나눔을 실천할 금곡 스님 아닌가!

　"우리는 마음과 정을 함께 나누며 살아가야 합니다. 나눈다는 건 인생에 있어서 또 다른 여정입니다. 나와 당신의 인생을 함께 만들어가는 또 다른 불사이고 행복입니다. 내 꿈을 이루고 당신의 꿈을 하나씩 이루어가는 겁니다."

　꿈이란 단순한 '이상'이 아닌 '행복'을 말하는 것이리라. 산사에서 내려오며 홍천사 앞에 붙었던 '복마전'은 떨어져 나갔다. 그 자리에 '당신의 꿈이 이루어지는 우리 절'이 들어섰다.

당신의 꿈이 이루어지는 홍천사! 참 멋진 불사다.

소년 시절 품은 죽음은 어떻게 가름했을까?

"죽음도 삶입니다. 열반이기 때문입니다!"

벽해원택碧海圓澤 스님

1967년 연세대 정치외교학과를 졸업하고 1972년에 출가했다.
조계종 총무원 총무부장을 역임했으며, 현재 조계종 백련불교
문화재단 이사장, 도서출판 장경각 대표, 부산 고심정사 회주로
있다. 저서로는《성철 스님 시봉 이야기》《성철 스님과 나》《명추
회요》등이 있다.

돌 씹은 이빨 값 이젠 다 물었다

"니 중 안 될래? 고만 중 되라."

"불교에 대해 알고 싶지만 출가할 생각은 시가리(서캐)만큼 도 없습니다."

"나이 서른 다 돼서 세상에서 뭐 할 거고. 출가하여 부처님 도를 닦는 것도 젊어서 해볼 일이라. 나는 남보고 함부로 중 되라 안 한데이."

연세대 정치외교학과를 졸업한 원택圓澤 스님이 성철 스님 을 해인사 백련암에서 처음 친견한 건 1971년 3월. 첫 만남에 서 원택 스님은 '평생 지남이 될 만한 좌우명'을 부탁드렸다.

"그래, 그라면 절 돈 삼천 원 내놔라."

처음 보자마자 돈 삼천 원 내놓으라 하시니, 어리둥절해 하며 현금 삼천 원을 스님 앞에 내밀었다.

"그런 돈 말고 절 돈 삼천 원 내놓으란 말이다."

옆에 있던 시자스님이 현금 삼천 원이 아니라 삼천배하라는 말씀이라고 일러주었다.

"비구는 250계, 비구니는 350계, 신도들은 48계를 지켜야 하니 삼천배가 필요할지 모르지만, 저는 좌우명 일계만 필요합니다. 그러니 절 돈 삼천 원까지 낼 거야 없지 않습니까?"

"니는 불교에 대해 뭘 쫌 아나? 니는 공짜로 거저 묵자 하는 놈이구만. 안 된데이. 니는 절 돈 만 원 내놔라."

삼천배 줄이려고 불교 계율의 가지 수를 아는 체했다가 1만 배 날벼락을 맞은 것이다. '못 할 것도 없지' 하는 오기가 발동했다.

점심시간이 지나 천태전으로 올라가 저녁 공양시간까지 부지런히 절을 한다고 했는데 겨우 천 배를 채웠다. 다시 무릎을 꿇었다. 얼마 후 아홉 시 취침시간을 알리는 목탁 소리가 고요한 밤하늘을 갈랐다. 후회막급이었지만 수도 없이 일어났다 구부렸다 절을 올렸다. 새벽 세 시 목탁 소리가 잠든 도량을 깨웠다. 다시 허리를 굽히고 무릎을 꿇었다. 그렇게 절을 하다가 꼬꾸라져 깊은 잠에 들었다.

"아침 공양에 나오지 않길래 올라와보니 곯아떨어져 있는 기라. 깨워도 일어날 줄 몰라서 할 수 없이 엉덩이를 걷어차 깨웠지."

시자스님의 말이었다.

아침 공양을 뜨는 둥 마는 둥 다시 천태전으로 올라가 절을 하는데 오전 아홉 시쯤 지나면서 고통이 밀려오며 일어나지도 앉지도 못할 지경에 이르렀다. 허리만 구부렸다 폈다 하는데, 그것도 이내 몸이 굳어 꼼짝할 수가 없었다. 그때부터 머릿속이 터질 듯한 두통이 시작됐다. 점심 목탁 소리를 듣고서야 엉금엉금 기어 내려오다가 마당 한가운데서 성철 스님과 마주쳤다.

"절 돈 만 원 다 내놨나?"

"예! 다한 것 같심더!"

얼버무린 채 지나쳐 가려는 순간 호령이 떨어졌다.

"절을 다했으면 다했지 다한 것 같다는 말은 또 무슨 말이고? 어제 오후 한 시에 올라갔으면 오늘 한 시에 내려와야 24시간 동안 만 배하는 것 아이가? 24시간을 다 못 채우고 내려오는 것보니 니놈도 시원찮구만!"

고통과 피곤에 지쳐 방에 널브러져 누웠다. 시자스님이 찾아왔다.

"그래도 일어나 큰스님께 가서 인사 올리자."

녹초가 된 몸을 이끌고 큰스님을 찾아뵈었다.

"어제 뭐라 했노? 좌우명 달라 했제? 니 낯짝 보니 좌우명 줘봤자 지킬 놈 아이다. 그러니 그만 가봐라."

이게 무슨 청천벽력인가? 잘했든 못했든 힘든 절을 시켜놓고는 그냥 가보라니! 황당하고 어이가 없었다.

"큰스님! 이렇게 힘들게 절 돈 만 원을 내놨는데 좌우명을 주셔야 하지 않겠습니꺼? 큰스님께서 중생의 절 돈을 떼먹을 수는 없지 않습니꺼?"

"이놈 봐라! 절 돈 만 원 내느라고 애는 썼으니 주지. '속이지 마라!' 이 한마디 해주고 싶데이. 이거 쉬운 일 아이데이."

"예?!"

절 돈 만 원을 내놨으니 무슨 다이아몬드 같은 굉장한 말씀을 주실 것이라 잔뜩 기대하고 있는데 '속이지 마라'는 흔하고 흔한 말씀을 주시다니! 실망에 찬 모습을 물끄러미 바라본 성철 스님이 한말씀 하셨다.

"와, 좌우명이 그리 무겁나? 무겁거든 내려놓고 가거라. 좌우명 줘봤자 못 지킬 놈이다 안 했나."

'너무 실망스럽습니다'라는 말은 차마 입 밖에 내지 못한 채 지칠대로 지쳐 제대로 움직이지도 않는 몸을 끌고 백련암은 뒤돌아보지도 않고 산에서 내려왔다. 백련암의 모든 것을 잊어버리고 살았는데 석 달쯤 지난 7월 중순에 큰스님 말씀이 갑자기 떠올랐다.

'속이지 마라'는 일언을 처음 들었을 때 '남을 속이지 마라'고만 해석했기에 실망했는데, '자기를 속이지 마라'고 해석했다면 그리 크게 실망했겠나! 그 한 생각이 전율케 했다. '그렇다. 내가 지금까지 살면서 남을 속인 적은 없지만 나 자신을 속이고 속고 산 날은 얼마나 많았던가?'

홀로 다시 백련암을 찾았다. 보통은 굳게 잠겨 있던 문이 기다리고 있었다는 듯 활짝 열려 있었다. 마침 마당에서 포행하던 성철 스님께 다가가 인사를 올렸다. 지난 3월 말에 와서 절 돈 만 원 낸다고 낑낑거린 청년을 알아보실 거란 믿음도 있었다.

"큰스님 편안하셨습니까?"

"웬 놈인데?"

반갑게 맞아주실 줄 알았는데 영 모른 체를 하시니 어안이 벙벙했다.

"큰스님, 불교에 대해서 알고 싶어서 찾아뵈었습니다."

"불교? 불교에 대해 나는 아무것도 모른데이. 불교를 알고 싶으면 해인사 강주스님이 내보다 더 잘 아니까, 거기 가서 물어봐라."

말을 마친 성철 스님은 포행을 이어갔다. '다시 내려가야 하나? 아니, 그럴 수는 없다!' 스님의 뒤를 한참 동안 따르다가 용기를 냈다.

"큰스님! 불교에 대해 배우는 것은 그렇다 치고 저는 본디 참선공부를 하고 싶었습니다. 큰스님께서 제가 참선할 수 있게 화두를 주셨으면 합니다."

순간, 호랑이 같던 엄한 존안에 그윽한 미소가 퍼졌다.

"그래! 참선하고 싶다 했나? 오냐 그래, 내가 참선하도록 화두를 주마!"

성철 스님은 말을 마치자마자 성큼성큼 방으로 들어갔다. 엉겁결에 따라 들어가 절을 세 번 올렸다.

"어떤 것이 부처님입니까? 삼서근이니라!'가 니 화두다. 염불하듯이 입으로만 오물거리지 말고 모든 생각을 끊고 '부처님을 물었는데 어째서 삼서근이라 했는가?' 하고 의심하고 의심해가는 것이 참선공부다."

1972년 새해, 큰스님의 지도가 있어야 진전이 있을 것 같아 다시 해인사를 찾았다. 큰스님이 곧장 물었다.

"니 중 안 될래? 고만 중 되라."

원택 스님의 출가인연은 그렇게 맺어졌다. 1월 초순 끝자락에 백련암으로 올라가 삭발식을 가졌다. 그리고는 일주일 동안 매일 삼천배를 하라는 명을 받았다. 섣달 중순이라 영자당 影子堂이 얼마나 추운지 다기 물이 얼 정도였다. 추위 속에서 절하기란 여간 어려운 게 아니었다. 백련암에서 평생 절만 하다 인생 끝날 것 같다는 걱정에 '도망쳐버리자'는 생각이 꿈틀거렸다. 기도 사흘째 되는 밤 꿈속에 눈썹이 허연 노스님 일고 여덟 분이 나타났다. 한 사람씩 자신을 소개하는데 선종사에 쟁쟁한 선사들이었다. 그분들 하는 말이 한결같았다.

"도망가지 말고, 기도 끝내고 중노릇 잘해라."

화들짝 놀라 깼다. '도망갈 때는 가더라도 밥 먹은 큰방 청소나 하고 가자'는 생각으로 물걸레를 들고 방을 청소하는데 이때 큰스님이 방문 열고 들어오더니 한마디 던졌다.

"이놈아 도망가야지, 와 아직 도망 안 가고 여기 있노!"

깜짝 놀랐다. 내 심중을 어찌 보셨단 말인가! 도망갈 마음을 버리고 매일 삼천배 7일 기도를 마쳤다.

성철 스님 시자 노릇만 20여 년. 내성적인 원택 스님이 가야산 호랑이를 모셨으니 그 고충은 헤아릴 수 없다. 차를 올리다 물 한 방울 떨어뜨려 급한 마음에 휴지 몇 토막 잘라 닦으니 "니 애비가 만석꾼이제?"라는 핀잔이 돌아왔다. 대중스님들 잘 모시려 부지런히 장 봐오면 "원주 시켜놓았디만 장똘뱅이 다 됐네!"라는 질책만 들었다. 《육조단경》 법문에 환희심이 일어 "꼭 저를 위해 법문하신 듯해서 기분이 좋았습니다" 하니 "내가 어데 법문할 데가 없어 니 같은 행자 놈 위해 법문했겠나?" 하신 성철 스님이다.

"이쑤시개 하나도 버리지 않고 닦아 쓰시던 큰스님 눈에 거리낌 없이 휴지를 쓰는 제가 어떻게 보였겠습니까? 좌선 중

상기上氣가 올라 저를 구하려고 백련암 원주 소임을 맡겼습니다. 좌선 멈추고 동선動禪하라는 것이었는데 장 보는 일에만 열중하고 있으니 주객이 전도됐다는 일침을 가하신 겁니다. '행자 놈 위해 법문 했겠나' 하셨지만 이내 물으셨습니다. 환희심이 난 이유를 말입니다. 법문을 통해 뭐 좀 터득했냐는 물음이었던 겁니다."

말 한마디, 행동 하나하나가 조심스러울 수밖에 없었다. 반면, 원택 스님의 직언에 빛을 본 역작도 있다. 녹음기 하나 구해 해인총림에서 대중에게 설한 백일법문을 노트에 받아썼다. "쓸데없는 일 한다"는 불호령 내릴까 두려워 몰래 이어폰 끼고 들으며 기침, 웃음, 고함소리 하나까지도 놓치지 않고 옮겼다. 성철 스님 법문집 열한 권은 그렇게 시작됐다. 그 중에서 《본지풍광本地風光》과 《선문정로禪門正路》는 성철 스님 저서 중에서도 높게 평가 받고 있다. 성철 스님도 밥값 했다고 자평하며 "이 두 책 이해하고 실천하는 사람이면 바로 나를 아는 사람"이라 했다.

《선문정로》는 출간 직후 큰 파장을 몰고 왔다. 보조 스님의 돈오점수頓悟漸修(깨달은 후에도 닦아야 한다)에 대해 성철 스님이 돈오돈수頓悟頓修(깨달음과 닦음을 한순간에 완성한다)를 들어 가차 없이 비판했기 때문이다. 돈오돈수·돈오점수 논쟁은 2000년대 초반까지도 이어졌지만 《선문정로》 출간 당시만 해도 학계에는 보조 스님 사상이 팽배했다.

한국불교학회에 다녀온 어느 날 원택 스님은 안마를 해드리다 직언했다.

"해인사 골짜기에서 돈오돈수 외쳐도 소용없으니 큰스님 사상을 뒷받침할 인재를 키우셔야 합니다."

순간, 성철 스님은 벌떡 일어나 원택 스님의 뺨을 치면서 고함쳤다.

"니, 지금 인재양성이라 했나? 난 인재양성이 뭔지 모르고 살았는 줄 아나?"

아무 말 못하고 다시 안마를 하려는 찰나 성철 스님은 다시 일어나 원택 스님의 뺨을 또 한 대 올렸다.

"키울 인재가 없는데 나보고 우짜란 말이고. 너그들이라도 내 뜻 알아 제대로 공부하며 살아야지. 다 머저리 곰 새끼들만 우글거리니 나도 별 수 없제!"

지금 생각해도 그때 만큼 역정을 내신 적이 없었다고 한다. 성철 스님의 역린을 건드린 셈이다. 며칠 뒤 다시 직언했다.

"역대 조사들의 어록 중 돈오돈수 사상을 주장한 분들의 말씀을 번역해 널리 알리면 큰스님 사상의 울타리가 되지 않겠습니까?"

또 한 대 맞을까 우려했는데 의외의 말씀이 돌아왔다.

"그것도 한 가지 방법이겠네."

《조주록趙州錄》《종용록從容錄》《위앙록潙仰錄》 등을 포함하는 선림고경총서 37권은 그렇게 빛을 보았다.

"모든 생명을 부처님과 같이 존경합시다"로 시작하는 1981년 부처님오신날 성철 스님의 봉축법어는 조계종 종정 첫 한글 법어로 기록돼 있다. "방장이 아닌 종정으로서 모든 국민에게 한말씀 하시는 것이니 한글체로 해야 한다"는 원택 스님의 간청을 성철 스님이 받아들였기 때문에 가능했다. 백련불교문화재단도 장학불사의 중요성을 역설한 원택 스님의 간곡한 청으로 설립됐다.

성철 스님 열반 후, 원택 스님은 큰스님의 자취를 세상에 내놓는 일에 매진했다. 성철 스님 사리탑 조성을 시작으로 성철 스님 생가를 복원한 겁외사劫外寺를 창건한 데 이어, 성철 스님 사상을 조명하는 각종 학술포럼 등을 열어갔다. 일각에서는 원택 스님의 이러한 행보를 마땅치 않게 생각하기도 한다. 하여 '성철 스님의 상相을 자꾸 만들면 오히려 큰스님을 욕되게 만드는 것'이라는 나무람을 듣곤 했다. 성철 스님을 모셨던 일화를 엮은 《성철 스님 시봉이야기》를 내놓았을 때는 '큰스님 이름으로 장사 하느냐?'는 질책도 받았다. 그러나 그 책이 있으므로 큰스님의 존재감이 세상에 알려졌다.

"무비 스님께서 저에게 한 말씀이 기억납니다. '내가 공부할 당시만 해도 범어사에 큰스님 참 많았지! 성철 스님만 대단했던 게 아니야. 그런데 그 스님 다 어디 가셨나?' 하는 겁니다."

한평생 수행에 매진한 수좌의 소탈한 삶은 그 자체만으로도 후학의 본보기가 된다. 하지만 큰스님에 대한 상좌들의 기록이 없으면 가르침도 끝내 사라지고 만다. 제자로서 은사가 생전에 폈던 뜻을 올곧이 전하고 싶을 뿐이다. 세대를 초월한 이 시대의 화두 '자기를 바로 봅시다', '남모르게 남을 도웁시다', '남을 위해 기도합시다'는 뜻을 전하고 싶은 것이다.

"이제 큰스님 열반 20주기 행사까지 마쳤습니다. 저도 성철 스님 시자 원택에서 벗어나려 합니다. 큰스님께서 자주 하시던 말씀이 있습니다. '중은 논두렁 베고 죽을 각오가 있어야 한다'고 말입니다."

'성철'이라는 짐을 내려놓고 원택만의 만행을 떠나고 싶다는 뜻이다. 성철 스님의 그늘에서 벗어나 자신이 해야 할 공부를 마치겠다는 뜻의 다름 아니다. 다만, 잡지 〈고경〉만은 알차게 꾸며 끊임없이 내겠다고 한다.

"지금은 60여 쪽밖에 안 되는 소책자이지만 성철 스님의 뜻을 실천하고자 하는 회원 중심으로 이 잡지를 키워보려 합니다. 회원들의 성금이 쌓이면 장학불사는 물론 선림고경총서 또한 다시 손보려 합니다. 이 잡지는 무가지無價紙입니다."

'값을 매길 수 없는 잡지'라는 뜻이다. 역대 조사들의 가르침을 세속 셈법으로 정할 수는 없다는 의미다.

원택 스님은 공양주 시절 쌀 속의 돌을 고르는 데 꽤나 서툴렀다. 어느 날 한 노스님이 백련암을 찾았다가 원택 스님이 차린 밥상을 받았다. 얼마 안 있어 그 노스님이 호통쳤다.

"내 이빨 물어내라, 이놈아."

돌을 씹은 것이다. 그 노스님께 다가가 죄송하다고 말씀드리는데 종이에 싸 쥐고 있던 돌 씹은 밥풀을 냅다 던지니 그 밥알들이 얼굴로 튀었다. 잦은 실수가 쌓이는 행자시절이었는데 절 생활 접고 하산해야겠다는 서러운 생각만 들었다. 이를 지켜본 성철 스님이 한마디 했다.

"그라믄 내 이빨 어떻게 물어줄래? 나도 니 밥 먹기가 얼마나 힘든지 아나? 니가 내 이빨 물어주려면, 도망치려 할 게 아니라 백련암 살면서 내한테 그 빚을 갚아야제. 안 그러나!"

그때까지도 큰스님께 돌이 든 공양을 드렸다고는 꿈에도 생각하지 못했다. 무안스럽고 죄송했다. 그 한순간에 지난날의 서러움은 사라지고 큰스님을 열심히 시봉하겠다는 마음을 다졌다.

원택 스님은 지금도 그 한마디가 생생하다며 미소를 보인다. '이제 이빨 값은 다 물어준 것 아니냐'는 의미인 듯싶다.

종림宗林 스님

1944년 경남 함양 출생. 1968년 동국대 인도철학과 졸업. 1972년 해인사에서 지관 스님을 은사로 출가. 해인사 도서관장, 월간 〈해인〉 편집장, 대흥사 선원장 등을 역임. 1991년 일본 하나조노대학 국제선학연구소 연구원. 1993년에 고려팔만대장경연구소, 1994년에 고려대장경연구소를 창립. 1996년에는 세계 최초로 고려재조대장경 전산화 및 초조대장경의 데이터베이스를 구축. 현재 (사)장경도량 고려대장경연구소 이사장으로 경남 함양의 책 박물관 '고반재考般齋'에 주석하고 있다. 2018년 은관문화훈장을 수훈했다. 저서로는 《종림잡설-망량의 노래》가 있다.

화살 떨어진 곳이 과녁이길 바랄 뿐

750여 년간 해인사 장경각에서 잠자던 대장경 1,514종의 경전 16만 5천여 자를 한 자도 빠짐없이 CD 열다섯 장에 담아낸 고려대장경연구소. 그 연구소의 첫 수장이 종림宗林 스님이다.

　우선 고려대장경이란 무엇인지 살펴보자. 팔만대장경과 혼돈하는 경우가 적지 않기 때문이다. 고려시대 제일 먼저 제작된 대장경을 초조대장경初雕大藏經이라고 한다. 이 대장경은 몽골 침입으로 불타 없어졌고 인본印本만 남아있다. 후에 다시 제작한 대장경을 재조대장경再雕大藏經이라고 하는데 '팔만대장경八萬大藏經'이라고도 부른다. 해인사가 소장한 팔만대장경은 재조대장경을 이르는 말이다. 초조대장경과 재조대장경 사이에 대각국사 의천 스님이 만든 《교장총록敎藏總錄》이 있다. 초조대장경, 재조대장경(팔만대장경)과 《교장총록》이 세 개를 합쳐 '고려대장경'이라 한다.

세계 최초로 53,000자에 이르는 한자를 모두 입력해 팔만대장경 전산화를 마친 게 2000년이고, 2004년에는 팔만대장경의 옛 한자(異體字)를 현대의 한자로 바꾸는 작업을 거쳐 '고려대장경 2004'를 발표했다. 일본 난젠지(南禪寺) 소장 고려대장경 초조본 1,800여 권은 각고의 노력 끝에 2009년 11월에 데이터베이스 구축을 매듭지었다.

그런데 낯설다. 종림 스님과 20년 대작불사! 왠지 어울리지 않는다. 스님이 경전 불사하는 데 어울리고, 안 어울리고를 왜 따지냐고 반문할 수 있겠지만 단 한 번이라도 종림 스님을 만나 대화해본 사람이라면 같은 의문을 가질 것이다. 한마디로 종림 스님은 자신의 표현처럼 '이단아', '떠돌이', '나그네' 성향이 짙다.

종림 스님은 출가 직후 4년 과정의 강원에서도 2년 만에 스스로 문을 박차고 나왔다. 그런 종림 스님이 선원에서 7년 동안 가부좌 틀고 있었다는 게 신기할 정도다. 물론 선방에서 나오자마자 운수단雲水檀이라 이름 붙인 승합차에 코펠과 버너 싣고 전국 산하를 1년 동안 떠돌아다녔지만 말이다.

선방 생활 중에도 '수좌'로 불리지 않았다. 전통 선법과는

다소 다른 수행을 하는 것은 물론이고 수좌가 갖춰야 할 전통 개념의 '품위'와는 달랐기 때문이다.

그래서일까? 종림이라는 법명 옆에는 '수좌', '선사', '강주', '화상'이라는 별칭이 붙지 않는다. 그렇게 부르는 도반도 없지만 불러달라고 한 적도 없다. '그물에 걸리지 않는 바람처럼' 살려 했던 종림 스님을 한 자리에서 20년 동안 꼼짝 못하게 한 그 힘이 궁금했다. 책임감만은 아닌 건 분명하다.

실마리 하나라도 잡아보려 종림 스님을 만나기 전, 스님의 저서《종림잡설-망량의 노래》를 펼쳤다. 실마리는커녕 궁금증만 커졌다. 스님이 고백한 한마디 때문이다.

'나는 사람들에게 꿈이 없어도, 신이 없어도 살 수 있다는 것을 보여주고 싶다.'

고려대장경연구소가 자리하는 서울 안암동 대원암大圓庵으로 향했다. 한영漢永, 탄허呑虛 스님이 경전을 번역하며 머물렀던 산사에 고려대장경연구소가 들어선 걸 보면 도량도 나름의 기질이 있는가 보다. 출가 동기부터 여쭤볼 참이다. 종림 스님 특유의 성향으로는 독특한 큰 원력이 있었을 것이라는 기대감 때문이다.

"출가 동기? 없어요."

허무와 실망이 동시에 밀려왔다. 잠시 숨을 고르는 사이 종림 스님은 웃으며 한마디 일렀다.

"세속에서는 내가 설 자리가 없다고 느꼈기에 산문을 열었을 뿐입니다. 입산 첫 느낌은 이 동네도 사람 사는 곳이구나 하는 것이었지요."

원력과 동기는 없을 수 있다. 그러나 이유는 있을 터. 어떤 '동네'이기를 바랐던 것일까? '자아自我의 늪'에서 허우적거려 본 적 있느냐고 반문한다.

출가 전 종림 스님은 동국대에서 인도철학을 전공했다. 수업은 빠지기 일쑤였고, 도서관만이 그에게 유일한 휴식처요 놀이터였다. 빽빽이 들어선 책장 사이를 산책하다 눈에 띈 책 한 권 뽑아 아무 곳에나 걸터앉아 독파해갔다. 고등학교 때부터 〈사상계思想界〉를 정기 구독해 볼 정도였으니 그의 손에 들려진 '문사철文史哲' 서적은 보는 즉시 그의 심중으로 파고들었을 터이다.

유토피아 속에서 나를 찾을 수 있을까? 그리스어로 유(ou)는 '없다'이고, 토포(topo)는 '장소'이니 유토피아는 '어디에도 없는 곳'이라는 뜻이다. 종림 스님은 그곳을 찾아 나섰다. 중국의 무릉도원, 그리스의 헤스페리데스동산, 이스라엘의 에덴동산 등을 거닐어 보았다. 독일 사회·경제학자 마르크스Marx, 독일 사회학자 만하임Mannheim, 프랑스 철학자 소렐Sorel, 독일 철학자 카시러E.Cassirer와 하버마스Habermas까지 만나보았지만 '자아'와는 거리가 멀어 보였다. 쾌락, 고행, 염세주의와 범신론,

유신론까지 들여다보며 '초탈超脫'에 천착해보아도, 융Jung과 에리히 프롬Erich Fromm을 중심으로 한 심리학과 그 밖의 현상학을 좇아가보아도 '자아'는 해결되지 않았다. 당시 그는 '지금의 나'란 내 뜻과는 상관없이 태어나서 누군가의 가위질에 의해 만들어진 기형의 조형물에 지나지 않는다고 보았다.

"내가 '나'일 수밖에 없는 무엇이 있지 않을까? 모든 것 다 제하고도 남아 떨어지는 그 무엇이 있지 않을까? 지난번까지는 당신(신)의 뜻이었을지 몰라도 앞으로는 내가 책임질 수밖에 없는, 나 말고는 누구도 내 삶을 책임질 수 없다는 그런 것이 있지 않을까? 저 동네(불교)에는 뭔가 있을까? 여기보다는 조금은 나을까? 그래서 중이 된 것뿐입니다."

출가 결심을 가족에게 알렸을 때 별다른 반대도, 반응도 없었다고 한다. 으레 '그럴 것'이란 표정이 반응이라면 반응이었다. 조계종 전 총무원장 지관 스님을 은사로 출가한 직후 해인사 강원에 들어섰다.

전통강원 교육은 그에게 성이 차지 않았다. 급기야 A4 용지 100쪽에 이르는 '강원 개혁서'를 해인사 측에 전했다. 사교四教·사집四集의 불교내전 이외의 외전, 전문 강사 초빙 교육 등을 요구했다. 당시로써는 일대 혁신을 도모한 행보였다. 어느 정도 받아들여졌다.

사단은 그 다음에 일어났다. 강원 개혁만이 아니라 행정 등의 해인사 자체 개혁까지도 도마 위에 올려놓았다. 여기서 두 파로 나뉘었다. 개혁의 선을 강원에 한정시키자는 측과 해인사 전체로 확대시키자는 두 파가 양립했다. 종림 스님은 후자 즉 '해인사 확대' 측에 섰다. 결국 실패로 돌아갔고, 스님은 해인사를 나와 상원사 선방으로 향했다. 그러나 실패로 끝난 이 행보는 중앙승가대 설립의 단초로 이어진다. 훗날, 조계종 개혁의 한 축을 담당했던 대승불교승가회의 '맏형' 역할을 담당하게 된 것도 시대 흐름을 읽어내는 스님의 안목 때문이었다.

이 때문에 선방에서도 처음엔 종림 스님을 반기지는 않았다. 개혁 일선의 주동자였으니 대중의 질서와 화합을 혹여 깨지 않을까 하는 노파심에서 꺼렸던 것이리라.

종림 스님은 정진에 정진을 거듭했다. 단, '무無', '마삼근麻三斤' 등의 화두를 든 건 아니었다. 자신과 관계된 그 무엇인가를 사유했고, 집중했고, 반복해갔다. 7년쯤 이르렀을까. 변화가 있었다.

"이제 '종림'이를 아무 데나 둬도 되겠다고 확신했습니다."

'종림'을 에덴동산에 올려놓을 필요도, 이데올로기 한가운데 서 있게 할 필요도, 도피의 길 언저리에 있을 필요도 없다는 뜻이다. 엄청난 심적 변화요 확신이다. 그토록 오랜 세월 동안 짓눌렀던 존재와 자아 문제가 해결됐다는 것에 다름 아닌가! 이후의 행보는 거칠 게 없었다.

해인사로 돌아온 스님은 〈해인〉지 편집장을 맡으며 독자적이고도 창의적인 잡지를 만들었다. 도서관장을 맡아 1만5천 권의 장서를 컴퓨터로 분류하고 대장경 목록을 작성했다. 시작은 이랬다.

그 시절에 미국 천문학자 칼 세이건Carl Sagan이 쓴 《에덴의 용》이라는 책 한 권을 접한다. 뇌과학의 고전이라 불리는 이 책을 통해 종림 스님은 컴퓨터를 통한 일대 혁명이 전 세계에 일어날 것임을 직감한다. 그리고 8비트 컴퓨터 한 대로 해인사 대장경 전산화 작업에 돌입했다. 언제 닿을지도 모를 과녁을 향해 시위를 당긴 것이다.

"동국대학교와 함께 '통합대장경' 불사도 추진 중입니다. 고려대장경을 중심으로 산스크리트어, 팔리어, 티베트어, 한문 등으로 기록된 것을 한글, 일본어는 물론 영역 불전까지 망라하는 겁니다. 중국 돈황석굴에서 발견된 필사본, 지리산 화엄사에 1만여 파편 조각으로 남아 있는 신라 화엄석경도 통합대장경에 포함할 예정입니다."

가히 21세기 디지털 결집이라 할 만하다. 종림 스님은 《교장총록》 전산화 작업과 함께 또 하나의 프로젝트를 구상 중에 있다. 인공지능 시스템을 접목시키는 것이다. 키워드 '연기' 하나만 치면 고려대장경 내 연기 관련 내용은 물론 외전 즉, 사회과학이나 문학에서 말하는 연기도 함께 검색되는 시스템

이다. 물론 전문팀을 구성해 이에 대한 연구가 뒷받침되어야만
가능한 일이다.

고려대장경 전산화와 통합대장경 불사가 새로운 불교문화
지평을 열어줄 것임은 분명하다. 화석화된 대장경이 아니라,
이 시대에 다시 살아 숨쉬는, 아니 지금의 문명이 더해진 생명
으로 거듭날 것이다. 이 불사에 대한 가치는 알고도 남으나 아
직 의문이 풀리지 않는다. 종림 스님은 이 전산화 불사를 통해
무엇을 전하려고 20여 년을 매달려온 것일까.

"자아의 벽을 깨는 수단이 될 수 있다는 기대에서 하는 일
입니다."

아지랑이다. 뭔가 보일듯하지만 확연하지 않다.

"대장경은 당대 최고의 지식문화 수준을 반영하고 있습니
다. 불교 경전뿐만 아니라 역사와 설화, 시대상, 사전 등이 모
두 포함돼 있는 당대의 '포털 사이트'이자 '문화콘텐츠의 보물
창고'입니다. 무엇을 찾을지, 무엇을 조합해 낼지, 갈무리를 통
해 무엇을 얻을지는 자신의 몫입니다."

길을 열어주고자 함이다. 누구라도 관심 있다면 이 포털로
들어와 궁금증을 해소하기를 바라고 있다. 나아가 자신의 인
식, 사유, 사상의 변화까지도 스스로 도모하고 갈무리해보라
는 주문이다. 종림 스님은 적어도 하나는 확실하게 뽑아냈다.

"불변하는 실체나 법칙 따위가 있을 것이라는 전제, 또는

이데올로기적인 꿈이 우리 삶을 뒤틀리게 합니다. 우리가 이 세계를 해석하고 현실을 직시하는 데 이런 것이 큰 장애가 됩니다. 우리 인간을 엉터리로 살게 만드는 가장 큰 빌미가 우리를 움직이게 하는, 천국으로 이끌 그 무엇이 있을 것이라고 하는 생각입니다. 제 직관과 논리 속에서는 그렇습니다."

신神이 없어도 살 수 있음을 보여주고 싶다고 한 이유를 조금은 헤아릴 수 있을 것 같다.

"우리 이웃의 얼굴에서 하느님의 얼굴을 볼 수도 있고, 자기 속의 부처님도 볼 수 있습니다. 그러나 언제 하느님의 얼굴이 악마의 얼굴로, 자기 속의 부처님이 환상으로 바뀔는지는 아무도 모릅니다. 중요한 것은 자신을 비추어 보는 힘과 세계를 바로 볼 수 있는 안목입니다."

고려대장경과 통합대장경이 그 안목을 넓히는데 유용하게 작용할 게 분명하다. 자신을 비추는 건 자신만의 몫이다.

종림 스님은 이 시대에 벌어지는 현상을 불교적으로 해석해내고 싶다고 했다. 이 한마디를 통해 직감할 수 있는 건, 고려대장경 전산화 작업이 완료되면 종림 스님은 떠날 것이라는 사실이다. 어느 땅 위에 작은 집 한 채 짓고 '종림의 혜안'으로 이 세상을 그려낼 법하다.

"나의 가장 멋있는 모습은 고원의 벌판에서 괭이 들고 땅 파다가 석양을 바라보는 그림입니다."

그렇게 살고 싶다는 뜻이리라. 종림 스님은 과녁을 향해 활시위를 정조준할 사람이 아니다. 스님이 고백했듯이 화살 떨어진 곳이 과녁이기를 바랄 뿐이다. 아니 확신하고 있다. 벌써 고려대장경 전산화 불사가 방증하고 있지 않은가. 멋진 삶이다. 이 시대 지성인들이 스님에게 반하는 이유이기도 하다. 좀처럼 두말 않는 스님이 한마디 더 이른다.

"고려대장경은 불교뿐 아니라 우리민족의 전통문화이자 지적자산입니다. 시대와 나라에 따라 달리 만들어진 경전이 디지털 통합시스템 작업을 통해 글로벌 콘텐츠로 거듭나길 바랍니다."

현재 종림 스님은 고향 안위에 마련한 '고반재考般齋'에 머물고 있다. 그동안 모은 3만 권의 서적이 꽂혀 있는 '책 박물관'이다. '궁극의 지혜'가 궁금하신 분들은 '반야般若를 생각하는 집'의 문을 두드려보시라!